TOEIC®テスト
中学英文法で
600点!

小石裕子 著
Timothy Ducey 執筆協力

TOEIC is a registered trademark of Educational Testing Service (ETS).
This publication is not endorsed or approved by ETS.

はじめに

　仕事や日常生活で英語と触れる機会は多くても、学生時代に学んだ細かい文法のルールは忘れてしまっているという方は多いと思います。

　そのような方は、TOEICテストを受験するに当たり「TOEIC 攻略本」のようなものを読んでも、**基礎的な文法知識がないために、せっかくの「攻略法」も身に付かず、成果が上がらない、ということが起こりがちです。**

　TOEICテストは、中学校で習う英文法が完全に身に付いてさえいれば、あとは語彙の補強などで解ける問題がかなりあります。このような文法項目を、基礎の基礎から体系的に学習していけば、**文法問題だけでなく、リスニング、長文読解問題も、格段にとっつきやすくなります。**

　TOEICの出題形式は2016年から一部変更されましたが、この原則に変わりはありません。今回の改訂に当たっても、中学レベルの文法項目に的を絞り、すべてのPartに必要な基礎力向上を目指すという基本方針はそのままに、新形式に対応しました。

　本書が、読者の皆様がTOEICの「階段」を上る助けとなることを祈っています。

小石裕子

目　次

はじめに ……………………………… P. 3
TOEICテストの概要と本書の使い方
　……………………………………… P. 6〜9
リーディング・セクション4つの心得!!
　……………………………………… P. 10
TOEIC Part 5&6の形式と特徴
　……………………………………… P. 11〜14
厳選技クイズ ………………………… P. 178
ダウンロードコンテンツのご案内
　……………………………………… P. 230

1　名詞と代名詞
見た目で勝負!の必須項目

ウォーミングアップ! ………………………………………… P. 16
❶ 名詞の働きと形 …………………………………………… P. 17
❷ 名詞の種類と名詞に付く言葉 …………………………… P. 21
❸ 代名詞の形と種類 ………………………………………… P. 25
❹ 代名詞の指すものとその他の代名詞 …………………… P. 29
実践問題 ……………………………………………………… P. 34

2　動詞
「英語の心臓部」は得点源!

ウォーミングアップ! ………………………………………… P. 40
❶ 述語部分を作るもの ……………………………………… P. 41
❷ 助動詞 ……………………………………………………… P. 45
❸ 時制 ………………………………………………………… P. 50
❹ 受動態 ……………………………………………………… P. 56
実践問題 ……………………………………………………… P. 61

3　形容詞と副詞
ちょっと覚えてたくさん正解!

ウォーミングアップ! ………………………………………… P. 68
❶ 形容詞 ……………………………………………………… P. 69
❷ 副詞 ………………………………………………………… P. 74
実践問題 ……………………………………………………… P. 78

4　さまざまな文
英文解読の原点はここ!

ウォーミングアップ! ………………………………………… P. 84
❶ 否定文と疑問文 …………………………………………… P. 85
❷ 疑問詞で始まる疑問文と間接疑問文 …………………… P. 89
❸ その他の文 ………………………………………………… P. 95
実践問題 ……………………………………………………… P. 100

CONTENTS

5 準動詞 〈意味の見極めで得点増！〉
ウォーミングアップ! ……………………………………………… P. 106
❶ 不定詞と動名詞 ………………………………………………… P. 107
❷ 分詞 ……………………………………………………………… P. 113
実践問題 …………………………………………………………… P. 118

6 比較 〈出れば必ず正解できる！〉
ウォーミングアップ! ……………………………………………… P. 124
❶ 3つの級と比較級の表現 ……………………………………… P. 125
❷ 最上級の表現 …………………………………………………… P. 130
❸ 同等比較の表現と比較のルール ……………………………… P. 134
実践問題 …………………………………………………………… P. 138

7 前置詞と接続詞 〈形とイメージで選択肢を絞る！〉
ウォーミングアップ! ……………………………………………… P. 144
❶ 前置詞 …………………………………………………………… P. 145
❷ 接続詞 …………………………………………………………… P. 150
実践問題 …………………………………………………………… P. 156

8 関係代名詞 〈これが分かれば超有利！〉
ウォーミングアップ! ……………………………………………… P. 162
❶ whoとwhich …………………………………………………… P. 163
❷ thatとwhat …………………………………………………… P. 169
実践問題 …………………………………………………………… P. 173

9 Part 7に挑戦! 〈知識総動員で前進あるのみ！〉
「解きやすい順」質問パターン! ………………………………… P. 180
❶ ショートメッセージのやりとりに関する問題 ……………… P. 182
❷ Eメールに関する問題 ………………………………………… P. 186
❸ 複数の文書に関する問題 ……………………………………… P. 190

〈基礎を固めればこんなに解ける！〉
リーディング・セクション ミニ模擬テスト …………………… P. 195
ミニ模擬テスト 解答と解説 ……………………………………… P. 214
1章～8章のEXERCISE 解答集 ………………………………… P. 231

TOEICテストの概要

TOEICとはTest of English for International Communicationの略で、英語によるコミュニケーション能力を幅広く評価する世界共通のテストです。聞く・読む能力を測定するTOEICテスト、話す・書く能力を測定するTOEIC S&Wと、初・中級レベルの聞く・読む能力を測るTOEIC Bridgeテストの3種類があります。

本書で取り上げるTOEICテストは、就職、昇進のための要求事項にする企業が多く、毎年2000万人以上が受験しています。結果が合格・不合格でなく、トータル10〜990点の「スコア」として表示されるため、繰り返し受験して英語力の伸びを確認することができます。

→ テストの受験方法などの詳しい情報はTOEICの公式ホームページで得られます
　https://www.iibc-global.org/

TOEICテストの受験の仕方

問題は冊子で配られ、解答はマークシートに記入します。試験中にメモを取ったり、問題用紙に書き込んだりすることは禁止されており、問題用紙も最後に回収されます。

TOEICテストの新出題形式

2016年5月29日実施の第210回公開テストから、問題の一部に新しい出題形式が加わりました。右ページの表は、変更後の内容を示しています。団体特別受験制度(IPテスト)は、2017年4月から変更される予定です。

変更前の各パートの問題数は、右のようになっています。

リスニング・セクション	
Part 1	10問
Part 2	30問
Part 3	30問
Part 4	30問
リーディング・セクション	
Part 5	40問
Part 6	12問
Part 7	48問

TOEICテストの問題構成

問題構成は下の表の通りです。
先に始まるリスニング・セクションでは、流れてくる音声に合わせて問題を解きます。後半のリーディング・セクションでは解答する順番も時間配分も受験者が調節できます。

		リスニング・セクション　約45分	
Part 1	写真描写問題	聞こえてくる4つの英文から写真を最も正しく描写しているものを選ぶ	6問
Part 2	応答問題	聞こえてくる英文に対する適切な応答を、英文の後に流れる3つの応答文の中から選ぶ	25問
Part 3	会話問題	会話を聞き、3つの質問に対する適切な答えを4つの選択肢の中から選ぶ	39問
Part 4	説明文問題	説明文を聞き、3つの質問に対する適切な答えを4つの選択肢の中から選ぶ	30問
		リーディング・セクション　75分	
Part 5	短文穴埋め問題	問題文の空所に入る適切な語句を4つの選択肢の中から選ぶ	30問
Part 6	長文穴埋め問題	問題文に複数ある空所に入る適切な語句または文を4つの選択肢の中から選ぶ	16問
Part 7	読解問題	Eメールや記事などの長文を読み、2〜5つの質問に対する適切な答えを4つの選択肢の中から選ぶ	1つの文書→29問 複数の文書→25問

計約120分、200問のテストです。
本書で主に扱うのはPart 5、6、7です。

※「TOEIC®テスト」は2016年8月5日より、「TOEIC® Listening and Reading Test」(略称：TOEIC® L&R)に名称変更されました。

本書のねらい

本書は、TOEICのリーディング・セクションで、**中学レベルの基礎的な文法知識だけを用いて解ける問題**を確実に正解し、スコアをアップさせることを意図しています。また文法項目の復習は、リスニングにも有効であるため、リスニング、リーディングの**トータルで600点を取得することを目標としています。**

本書の使い方

1. リーディング・セクション全体の受験の心得と、Part 5、6の形式を知る

自分がこれから学ぶ項目がどのような形式で出題されるのか、どのような解き方を心掛けたらいいかをまず頭に入れておき、「スコアアップ」という目的意識を持ちましょう。(→P.10)

2. 1章から8章までで、文法の基礎知識とTOEIC問題の攻略法を学ぶ

TOEICのリーディング・セクション攻略法として有効な「**スピーディーな解答、時間の短縮**」を実現するには、しっかりとした文法の基礎知識が必要です。本書で学んでいく文法項目を少しでも「難しい」と感じる方は、**じっくり時間をかけて、文法項目が定着するまで**何度も読んで理解することを心掛けてください。

詳しい進め方は次ページ　→

3. 9章で、Part 7の形式を知り、例題を解く

Part 7の出題形式にもなじんでおきましょう。8章までで学んだ文法知識を生かして長文を読み、問題に答えていきましょう。

4. ミニ模擬テストを、時間を計ってやってみる

答え合わせの後、不確かな個所があれば、参照ページを見て復習しましょう。

1章から8章までの進め方

8章までは以下のパートで構成されています。それぞれのパートの役割を確認しておきましょう。

1. ウォーミングアップ！

単語クイズです。その章で用いられる重要単語に、あらかじめなじんでおきましょう。

2. キホン

解答テクニックを身に付けるために必須の、基礎的な文法知識を学習するパートです。しっかりと覚えられるまで、何度も読みましょう。

3. TOEICではこう出る！

学習している文法項目がTOEICでどのように出題されるのかを紹介するパートです。

4. 技0

学習した文法事項を基にしたTOEIC解答テクニックをまとめたパートです。ここで問題の具体的な解き方を整理しておきましょう。

5. 実践問題

各文法項目をポイントとした、TOEIC形式の問題です。単語は難しくても、その章で学習した基礎知識と、技を用いれば解けることを実感してください。

また、上の流れの随所に出てくる **EXERCISE** で、基礎知識をきちんと定着させながら読み進めてください。

その他、本書で使われている記号

- 要メモ！ ………… その項目に関連した重要な補足事項の説明です
- 技0 P.00 ……… その問題を解くための情報があるページ
- 品詞を表す記号 ……… 名 名詞　動 動詞　形 形容詞　副 副詞　前 前置詞　接 接続詞

リーディング・セクション 4つの心得!!

1. 時間配分が命！

P.7の表のようにリーディング・セクションでは75分で3つのパート、計100問を解かなければならず、その時間をいかに使うかがスコアアップの大きな決め手になってきます。1番の攻略法は「Part 5、6をできるだけ早く解いて、Part 7の長文になるべく多くの時間を確保する」ことです。

2. 全部正解しようと思わない！

まず、目指すは600点ですから、最初から100%こなそうとする必要はありません。一般的な600点の内訳は、リスニング330点、リーディング270点くらいなので、大ざっぱに言ってリーディングは6～7割正解すれば良いわけです。

3. やりやすい順にやる！

リーディング・セクションはどの順番で解いても(たとえばPart 7の複数文書を扱う問題から解くのもアリ)良いので、分かりにくい問題は飛ばして、時間をうまく使いましょう。

4. 基本単語は絶対覚える！

最低限の語彙力がなければ、いくら攻略法を押さえても勝ち目はありません。少なくともこの本で挙げた頻出単語は確実に押さえましょう。

この4つを踏まえておくと、これから学んでいくことを
TOEICの本番でより効果的に生かせます！
本書が主に扱うPart5と6の出題形式を見ておきましょう。→

▶▶▶TOEIC Part 5 の形式と特徴

【形式】
Part 5は、1つの文の中にある1つの空所に入る最も適切な語句を選択肢から選ぶ問題です。

> During the construction work, workers are asked to park ------- cars in a different parking lot.
> (A) they
> (B) their
> (C) theirs
> (D) them

【特徴・解き方】
選択肢に、theyのさまざまな形が並んでいるのは**代名詞の形(格)の問題**です。空所の前後だけを見るとpark ------- cars となっているので、後ろにcarsを続けて「彼らの車」となる所有格の (B) their が正解です。

正解：(B)

訳 建設作業の間、作業員たちは別の駐車場に彼らの車を止めるよう求められている。

▶▶▶Part 5 はまず、選択肢から見る！

問題文は文頭から読み始めるのではなく、**まず選択肢を見て問題パターンを察知し**、パターンに応じて**最小限の部分だけをチェック**して、即効処理していくことが必須です。

上記以外の問題パターンの例
- 品詞の問題　　[easy、easily、ease（語尾が違う単語）] (P. 67)
- 動詞の問題　　[take、takes、took、taking] (P. 39)
- 語彙問題　　　[bring、run、make、drive]

▶▶▶TOEIC Part 6の形式と特徴

【形式】

Part 6は、長文の中にある複数の空所にそれぞれの選択肢から適切な表現を選ぶ問題です。

Questions 1 - 4 refer to the following e-mail.

To: Ms. Su Yong
From: Angela Parker, The Applied Language School

Thank you for your e-mail. We would be very ------- (1.) to have you join our classes for a few days from July 2. Since your company and we have had a good relationship for years, we would like to welcome you as our guest. That means you may ------- (2.) any classes without paying any tuition. I would just like to remind you, however, that July 4 is a big holiday in the United States (Independence Day) and there ------- (3.) no classes on July 4 or July 5. ------- (4.). Anyway, whichever dates you choose, we look forward to meeting you very soon.

1. (A) happily
   (B) happiness
   (C) happy
   (D) more happily

2. (A) attend
   (B) stay
   (C) listen
   (D) change

3. (A) were
   (B) is
   (C) will be
   (D) to be

4. (A) We advise you to take a direct flight from Inchon to New York.
   (B) It might be better to come one week later to avoid the holiday, if possible.
   (C) I hope this will help you understand our system better.
   (D) It has been announced that the celebration will be held in the city hall this year.

【特徴・解き方】

1. 品詞の問題なので、空所の前後に注目します。be very ------- to have の空所には、補語 ←P. 69 となる形容詞 ←P. 69 の(C)が入ります。

2. 動詞の語彙問題です。まず、(B) stay(滞在する)は前置詞inやatが、(C) listen(聞く)はtoがないと次の名詞に続かないので除外できます。「クラスに参加してくれてうれしい」と言った後に「授業料を払わずにどのクラスでも-------できる」とあるので、(D) change(変更する)よりも (A) attend(参加する)が適切です。

3. 動詞の形と時制 ←P. 50 の問題です。主語がclassesと複数形なので (B) is は外れます。それまでの文意から「クラスに参加するのはこれから」と分かるので、未来形の (C) will be を選びます。

4. 文脈に合う文を選ぶ問題です。空所の前で「7月4日、5日は祝日で授業がない」、後で「とにかく楽しみにしている」と述べているので、「祝日を避けてきた方がいい」という大意の(B)が最適です。

選択肢の訳
(A) インチョンからニューヨークまで直行便に乗ることを勧めます。
(B) 祝日を避けるため、可能なら渡米を1週間遅らせた方がいいかもしれません。
(C) あなたが私たちのシステムをより理解するのに、これが役立つことを願っています。
(D) 今年、祝賀会は市民会館で開催されると発表されました。

正解　1. (C)　2. (A)　3. (C)　4. (B)
(問題文の訳は次ページ参照)

▶▶▶ Part 6 はフワッと大意を取りながら解いていく！

Part 6では、例題の2.～4.のように文脈から推測しなければならない問題が増えていますが、1.のように空所の前後だけ見れば解ける問題もあります。文頭からフワッと大意を取りながら読んで、時間をかけなくてもいいところは疾走し、文脈依存問題に時間を割くようにしましょう。
Part 6の問題は大きく以下の2種類に分かれます。

● **形で判断できる**（空所の前後だけ見たら解けることが多い）
　品詞、前置詞（in、withなど）の問題
● **文脈に依存する**（大意を取り、選択肢の意味から判断する）
　時制（was、isなど）、接続詞（because、butなど）、代名詞の指すもの（it、they、youなど）、語彙（選択肢が長いものも含む）の問題

このうち例題の4.のように**長い選択肢を選ぶ文脈依存問題**は、明らかにタイムパフォーマンスが悪いので、600点を目指す段階では最初から**「解かない」ことにする**のも1つの作戦です（Part 6全体で合計4問）。

訳 問題1から4は次のEメールに関するものです。

宛先：ス・ヨン様
送信者：アンジェラ・パーカー　応用言語研究所

メールをありがとうございました。7月2日から数日間、クラスに参加いただけることを非常に喜んでおります。御社と本校は長年にわたり良好な関係を維持しておりますので、ゲストとしてお迎えいたします。すなわち、どのクラスでも授業料を払わずにご参加いただけます。しかしご注意いただきたいのは、7月4日はアメリカの大きな祝日（独立記念日）のため、7月4日と5日には授業がないということです。祝日を避けるため、可能なら渡米を1週間遅らせた方がいいかもしれません。とにかく、どの日程を選ばれても、遠からずお会いできることを楽しみにしております。

1 名詞と代名詞

まず、英文の骨格に欠かせない要素となる
「名詞」と「代名詞」の基礎知識を確認して、
この項目がTOEICでいかに容易に正解できるかを
実感してください。

この章を始める前に思い出そう!
30秒 文法用語チェック！

品詞……単語の働きに応じて付いた名前
　　　　　例)名詞、動詞、形容詞など
名詞……物、人の名前
　　　　　例)car(車)、love(愛)、John(ジョン)など
代名詞…名詞の代わりをする言葉
　　　　　例)this(これ)、it(それ)、he(彼)など

ウォーミングアップ！

この章で使われる語句を押さえましょう。1～16の単語の意味をa～pから選んでください。

1. hire （ ）　　a. 駐車する
2. difference （ ）　　b. 乗客
3. express （ ）　　c. 必要とする
4. develop （ ）　　d. 車両
5. suggestion （ ）　　e. 訪れる
6. coworker （ ）　　f. 添付する
7. passenger （ ）　　g. 促進する、昇進させる
8. need （ ）　　h. 社長、大統領
9. visit （ ）　　i. 開発する、発展させる
10. park （ ）　　j. 違い
11. vehicle （ ）　　k. 表す
12. promote （ ）　　l. 同僚
13. employee （ ）　　m. 従業員
14. president （ ）　　n. 雇う
15. attach （ ）　　o. 整備士
16. mechanic （ ）　　p. 提案

解答
1. n 2. j 3. k 4. i 5. p 6. l 7. b 8. c
9. e 10. a 11. d 12. g 13. m 14. h 15. f 16. o

※これらの単語はダウンロード音声で聞くことができます（P. 230）。

1 名詞の働きと形

人や物の名前を表す単語を名詞といいます。まず、英文の基本構造と、その中で名詞がどんな風に使われるかを確認しましょう。

名詞の主な働き

1. 主語になる
英文は「…が~する」のように、「動作の主体」と「動作」の部分が骨格となって成り立っています。この**動作の主体**を主語、**動作を表す単語（または複数の単語の組み合わせ）を**動詞と呼びます。

  車は 走る
  Cars **run.**
 主語（名詞） 動詞

2. 動詞の目的語になる
動詞によっては、次に「…を」「…に」という言葉が来ないと意味を成さないものがあります。この**「…」の部分に入る言葉を**目的語と呼びます。

 人々は 好む 音楽を
 People **like** **music.**
 主語（名詞） 動詞 目的語（名詞）

3. 前置詞の目的語になる
名詞は、in（…の中に）や to（…へ・に）などの前置詞と呼ばれる言葉とセットになって、**場所や方向や時を表します**。このとき前置詞とセットになる名詞を前置詞の目的語と呼びます。

 中に 部屋   へ アメリカ
 in **the room** **to** **America**
 前置詞 目的語（名詞） 前置詞 目的語（名詞）
  （部屋の中に）   （アメリカへ）

修飾語に注意

英文のあちこちには、ほかの語句を詳しく説明する**修飾語**という言葉が付いていることがあります。この修飾語に惑わされず、名詞を正しく見つける練習をしておきましょう。

The new manager made a long speech.
　　　修飾語　　　　　　　　　　　修飾語
（新しいマネジャーは長いスピーチをした）

※new（新しい）は名詞manager（マネジャー）を、long（長い）は名詞speech（スピーチ）を修飾しています。

EXERCISE 1 （解答はP. 231）

下記の文中の名詞に○を付けましょう。

1. The company makes machines.
2. The workers are sitting on the big chairs.
3. The new employee speaks French well.

単語の意味を知らなくても、**語尾だけで名詞と分かるもの**があります。名詞に多い語尾で典型的なものを右ページの表にまとめてみました。表の単語以外にも、同様の語尾で終わるような単語を思い浮かべてみましょう。

これらの語尾を覚えることが、TOEICに頻出する**品詞を見分ける問題**の対策となります。**品詞**とは、1つひとつの単語の性質を表す名称のことです。たとえば上の例文で主語の働きをしているmanagerの品詞名は「名詞」、修飾語の働きをしているnewとlongの品詞名は「形容詞（→P. 69）」となります。

名詞に多い語尾

	語尾	例
①	-tion、-sion	action(行動)、discussion(討論)
②	-ment	government(政府)、employment(雇用)
③	-ness	kindness(親切)、happiness(幸福)
④	-ty	reality(現実)、ability(能力)
⑤	-ance、-ence	finance(金融)、convenience(便利さ)
⑥	-cy	policy(方針)、agency(代理店)
⑦	-th	health(健康)、length(長さ)
⑧	-er、-or	employer(雇用主)、advisor(アドバイザー)
⑨	-cian	electrician(電気技師)、politician(政治家)

EXERCISE 2 (解答はP. 231)

次の単語の語尾を変えて[　]内の意味を持つ名詞を作りましょう。右の番号が語尾のヒントになっているので、分からないときは上の表の同じ番号を参照してください。

1. important(重要な)→[重要さ]⑤
2. private(私的な)→[私生活]⑥
3. difficult(困難な)→[困難さ]④
4. decide(決める)→[決定]①
5. develop(発展する)→[発展]②
6. technical(技術的な)→[技術者]⑨
7. warm(暖かい)→[暖かさ]⑦
8. quiet(静かな)→[静けさ]③
9. operate(操業する)→[操業]①
10. visit(訪問する)→[訪問者]⑧

TOEICではこう出る!

The Ark Supermarket's new service aims to be at the ------- of customers with small children.

(A) convenient
(B) convenience
(C) conveniently
(D) more conveniently

※解答は次ページ

選択肢に、語尾が微妙に違う、似たようなつづりの単語が並んでいる場合、それは空所の前後だけ見て選べる品詞の問題です。the ------ of customers（顧客の------）の空所には、冠詞the（P. 23）が付く名詞 (B) convenience（利便性）が入ります。

正解：(B)　訳 アーク・スーパーマーケットの新サービスは、小さい子供連れの顧客の利便性（向上）を目的としている。

技1　語尾と位置で名詞を選ぶ!

1. 動詞 ＋ ------　の空所には名詞!

We should take action.
（私たちは行動を起こすべきだ）

2. 前置詞 ＋ ------　の空所には名詞!

The worker removed the stone with no difficulty.
（作業員は難なく石を取り除いた）

3. the(a / an) ＋ ------ ＋ 前置詞　の空所には名詞!

The situation in our country is becoming better.
（わが国の状況は改善しつつある）

※The situation in our countryで1つの「主語」と考える。

4. 所有格の代名詞（→P. 25）＋ ------　の空所には名詞!

The device is popular for its convenience.
（その装置はその利便性から人気がある）

EXERCISE 3 （解答はP. 231）

正しい英文になるよう、（　）内の適切な単語を選んでください。

1. The counselor made a good (decision / decide).
2. Your (able / ability) is incredible.
3. We can have (private / privacy) here.
4. No one can deny the (important / importance) of the fact.
5. We study different types of (operation / operate).

2 名詞の種類と名詞に付く言葉

英語には数えられる名詞(可算名詞)と、数えられない名詞(不可算名詞)があります。まずはその判別と、可算名詞の複数形について整理しておきましょう。

名詞の種類

1. 不可算名詞：液体、気体、鉱物、抽象的な概念など、形が一定していなくて、**数えられないもの**

water(水)、air(空気)、silver(銀)、health(健康) など

2. 可算名詞：形が一定していて、**数えられるもの**

worker(労働者)、vehicle(車両)、company(会社) など

2つ以上になると下記のように**複数形**という形で表します。

(1)規則変化 語尾に **-s** か **-es** を付けて作るのが原則

単数	job(仕事)	box(箱)	party(団体)
複数	jobs	boxes	parties

(2)不規則変化

単数	woman(女性)	child(子供)	foot(足)
複数	women	children	feet

(3)例外

-s が付いているが不可算名詞　news(ニュース)、politics(政治)
-s が付いていないが複数扱い　people(人々)

EXERCISE 4 (解答はP.231)

次の名詞を可算、不可算に分け、可算名詞の場合は複数形を考えましょう。

1. truck(トラック) **2.** gold(金) **3.** foot(足) **4.** advice(アドバイス)
5. information(情報) **6.** consultant(コンサルタント) **7.** city(市)
8. money(お金)

名詞に付く(修飾する)言葉を形容詞といい、その中でも数や量を表すものを数量形容詞と呼びます。TOEICでは、不可算名詞、可算名詞の単数・複数のそれぞれを、どの数量形容詞が修飾するかが問われます。ここで基本的な数量形容詞を押さえておきましょう。

数量形容詞の種類

1. 可算名詞の複数形に付く数量形容詞

a few(2、3[人]の)、**several**(数個[人]の)、**many**(多くの)

We have (**a few** / **several** / **many**) customers today.
(今日は[2、3人の／数人の／多くの]客がいる)

2. 可算名詞の単数形に付く数量形容詞

one(1つ[人]の)、**every**(すべての)、**each**(それぞれの)

(**One** / **Every** / **Each**) customer has a glass.
([1人の／すべての／それぞれの]客はグラスを持っている)

3. 不可算名詞に付く数量形容詞

a little(少しの)、**much**(たくさんの)

We have (**a little** / **much**) water.
(私たちには[少しの／たくさんの]水がある)

※ a few / a littleは、aがなければ「ほとんどない」の意味になります。

We have **little** water. (私たちにはほとんど水がない)

4. 可算・不可算どちらにも付く数量形容詞

some・**any**(いくらかの)、**a lot of**(たくさんの)、**most**(ほとんどの)

We have (**some** / **a lot of**) customers today.
(今日は[何人かの／多くの]客がいる)

We have (**some** / **a lot of**) water.
(私たちには[いくらかの／たくさんの]水がある)

※否定文・疑問文ではsomeでなくanyを使うのが原則です。

We do **not** have **any** customers today.
(今日は1人も客がいない)

EXERCISE 5 （解答はP. 231）

次の数量形容詞と名詞との組み合わせで正しいものに○を付けましょう。

1. several man　　2. some information　　3. few company
4. a lot of snow　5. much chances　　　　6. every people

名詞に付く言葉の1つに冠詞があります。日本人には悩みの種ですが、次の「キホン」の1、2さえしっかり押さえておけばTOEICは乗り切れます。

冠詞の種類

1. **a**：可算名詞の**単数形にだけ**付いて、「ある不特定の1つの」という意味を表します

   Mr. Brown got a letter.（ブラウン氏は1通の手紙を受け取った）

2. **an**：直後の単語の**最初の音が母音**（日本語の「アイウエオ」に近い音）で始まるときに、aの代わりに用います

   an employee　　**an** hour　　**an** old machine
   （1人の従業員）　　（1時間）　　（1台の古い機械）

3. **the**：可算、不可算、複数、単数にかかわらず、その名詞に**特定性があるとき**に付きます。しかしTOEICでは、特定性があるかないかを判断してtheとa / anを判別する問題は出題されません

   【特定性とは？】

   Paris is the capital of France.（パリはフランスの首都だ）
   ※「フランスの首都」は1つなので、特定性があります。

   The water in the bottle is bad.（瓶の中の水は腐っている）
   ※「瓶の中」という限られた空間の中の水にも特定性があります。

EXERCISE 6 （解答はP. 231）

次の空所にaかan、必要ないときは×を入れてください。

1. ------- American company　　2. ------- newspaper
3. ------- some vehicles　　　　4. ------- employee
5. ------- art　　　　　　　　　6. ------- unique idea

TOEICではこう出る！

Although much progress has been made in this area, ------- facilities continue to need renovation.

(A) many
(B) much
(C) a lot
(D) a

選択肢に数量形容詞が並んでいるときは、まず空所の直後をチェックしましょう。たとえfacilities（施設）の意味を知らなくても -s で終わっているところから複数形と判断し、複数形に付くことができる(A)を選びましょう。(C)は of がないと名詞に続くことはできません。

正解：(A)

訳 この地域で大幅な進展はあったものの、多くの施設は改装が必要なままだ。

空所の直後で決まる数量形容詞と冠詞！

1. ------- + 複数形　の空所には → a few、few、several、many
2. ------- + 可算名詞の単数形　の空所には → a、an、every、each
3. ------- + 不可算名詞　の空所には → little、much

【可算名詞、不可算名詞どちらもOKの数量形容詞】
some（［肯定文で］いくらかの）、**any**（［否定文・疑問文で］いくらも）、**a lot of**（たくさんの）、**most**（ほとんどの）

EXERCISE 7 （解答はP. 231）

次の(　)の中で後ろの名詞を修飾するのに適切な語句を選んでください。

1. (each / some) mistakes
2. (a lot of / a) vehicle
3. (any / every) money
4. (an / a few) office
5. (an / a lot of) information
6. (every / several) weeks

3 代名詞の形と種類

代名詞とは、読んで字のごとく名詞の「代わり」になる言葉。働きに応じて形が3パターンに変化し、そのそれぞれの形を**格**と呼びます。そのほかに、特別な代名詞の形が2つあります。

代名詞の形

1. 代名詞の格

(1) **主格**：主語になる形「…が」「…は」
　　We visited the customer.（**私たちは**その顧客を訪ねた）

(2) **所有格**：名詞に付いて、所有を表す形「…の」
　　Mr. Lee lost his job.（リー氏は**彼の**仕事を失った）

(3) **目的格**：動詞、前置詞の目的語になる形「…を」「…と」など
　　Music relaxes us.（音楽は**私たちを**和ませる）
　　We had dinner with him.（私たちは**彼と**夕食をとった）

2. 特別な代名詞の形

(1) **所有代名詞**：所有格＋名詞を表す形「…のもの」
　　This car is not mine. (mine = my car)
　　（この車は**私のもの**ではない）

(2) **再帰代名詞**：強調を表す形「…自身」
　　Ray did the job himself.（レイはその仕事を**自分で**した）
　　※再帰代名詞は完成している文に余分に付けることができる代名詞で、上記の例のように名詞の直後に置くこともできます。
　　また、**主語と目的語が同じ人(物)のとき**にも用いられます。
　　Tom expresses himself well.（トムはうまく**自分を**表現する）
　　※Tomとhimselfは同一人物。

3. 代名詞の人称

代名詞が表す視点(話し手から見て誰のことを表しているか)を、**人称**といいます。

一人称：話し手を中心に考えます。 **I**(私)、**we**(私たち)
二人称：目の前の人のことです。 **you**(あなた、あなたたち)
三人称：「私(たち)」と「あなた(たち)」以外の人や物を指します。
　　　　　 they(彼ら)、**it**(それ)

EXERCISE 8 (解答はP. 232)

下の例文もヒントにしながら下記の表の空所を埋めていきましょう。

			主格 (…は)	所有格 (…の)	目的格 (…を)	所有代名詞 (…のもの)	再帰代名詞 (…自身)
単数	一人称	私	I	my	me	mine	myself
	二人称	あなた	you	your	you	①	②
	三人称	彼	he	his	him	his	③
		彼女	she	her	④	⑤	herself
		それ	it	⑥	it	its(まれ)	itself
		名前	Ken	⑦	Ken	⑧	⑨
複数	一人称	私たち	we	our	⑩	ours	ourselves
	二人称	あなたたち	you	your	you	yours	⑪
	三人称	彼ら	they	⑫	them	⑬	⑭

ヒント例文

- My computer is broken. Can I use (①)?
（私のコンピュータは壊れています。あなたのを使ってもいいですか?）
- Our president welcomed the guests (③).
（わが社の社長は自ら客を出迎えた）
- We saw the movie but don't remember (⑥) title.
（われわれはその映画を見たがその題名は忘れた）
- Please visit (⑩) anytime.
（いつでも私たちを訪ねてください）

TOEICではこう出る!

Mr. Borg met Mr. Grant to discuss ------- idea for a "people's car" that could carry six people.

(A) he
(B) his
(C) him
(D) himself

まず選択肢を見ると、heのさまざまな形が並んでいます。こういう場合は**格を問う問題**と判断し、直後の言葉をチェックします。するとidea(考え)という名詞があるので、直後に名詞を続けられる所有格の(B)を選びます。文頭から問題文をじっくり読む必要は全くありません。

正解: (B)

訳 ボーグ氏は6人乗りの「みんなの車」という彼のアイデアについて話し合うためにグラント氏と会った。

前後関係から代名詞の格を判断!

1. ------- + 動詞　の空所には → 主格

　We hired a lawyer.　　○ (私たちは弁護士を雇った)
　Us hired a lawyer.　　×

2. ------- + 名詞　の空所には → 所有格

　Mr. Oguchi parked **his** car.　○ (尾口氏は彼の車を止めた)
　Mr. Oguchi parked **him** car.　×

3. 動詞 + -------　の空所には → 目的格か再帰代名詞

　President trusts **us**.　　　○ (社長はわれわれを信頼している)
　President trusts **our**.　　×
　President trusts **himself**.　○ (社長は自分自身を信じている)

4. 前置詞 + ------- の空所には → 目的格か再帰代名詞

This letter is for you.　〇（この手紙はあなたあてだ）
This letter is for your.　✕

目的格と再帰代名詞の判別が必要なときもあります。

The workers put up the shelves by (themselves / them).
（作業員は自分たちだけで棚を組み立てた）

by oneselfは「独力で」という意味のイディオムで、on one's ownやaloneと同じ意味で用いられます。もしthemを選ぶと

The workers put up the shelves by them.　✕
（作業員は、彼らによって棚を組み立てた）

となり、by themは不要な語句となってしまいます。

5. ------- + 名詞 の空所には → 所有代名詞は選ばない

The workers saw theirs president.　✕
The workers saw their president.　〇
（従業員たちは彼らの社長を見た）

6. 名詞 + ------- の空所には → 再帰代名詞

Jill took the photo herself.　〇（ジルは自分で写真を撮った）
Jill took the photo her.　✕

oneself と by oneselfの違い（←ただし意味の違いを問う問題は出ない）
　oneself（他の助力もあったかもしれないが自ら参加して）「自分自身で」
　by oneself（他の助力なしで）「自分だけで」

EXERCISE 9 （解答はP. 232）

正しい英文になるよう、（　）内の適切な代名詞を選んでください。

1. Ms. Aoki is (our / ours) manager.
2. The hotel guest wanted to carry her bag (her / herself).
3. Customers said that (they / their) liked the new product.
4. The company changed (it's / its) name.
5. Mr. Norton thanked us for inviting (he / him).

4 代名詞の指すものとその他の代名詞

代名詞は一度話題に上った名詞を言い換える役割をします。前に出てきた名詞が単数なのか複数なのか、物なのか人なのか、性別はどちらなのかによって使う代名詞が変わってきます。

名詞→代名詞の言い換え

話題に出てきた…
→ **1人の第三者**を言い換えるのは、**she**か**he**のそれぞれの格
→ **1つの物**を言い換えるのは、**it**のそれぞれの格
→ **複数の第三者や物**を言い換えるのは、**they**のそれぞれの格

【代名詞を使った名詞の言い換え例】

・**waiter**(ウエーター：1人、第三者、男性)を言い換える
The **waiter** was holding a tray in **his** hands.
(ウエーターは彼の両手でトレーを持っていた)

・**waitress**(ウエートレス：1人、第三者、女性)を言い換える
The **waitress** was holding a tray in **her** hands.
(ウエートレスは彼女の両手でトレーを持っていた)

・**waiters**(ウエーターたち：複数、第三者)を言い換える
Waiters showed **their** IDs at the gate.
(ウエーターたちは門で彼らの身分証を見せた)

・**report**(リポート：1つ、物)を言い換える
We read the **report** and put **it** in the drawer.
(私たちはリポートを読んでそれを引き出しにしまった)

・**reports**(リポート：複数、物)を言い換える
We read the **reports** and put **them** in the drawer.
(私たちはリポート類を読んでそれらを引き出しにしまった)

EXERCISE 10 （解答はP. 232）

次の語句を適切な主格の代名詞で言い換えてください。
例：the book →it

1. the machine（その機械）
2. our customer（私たちの顧客）
3. you and Tim（あなたとティム）
4. my coworkers（私の同僚たち）
5. your money（あなたのお金）
6. Japanese laws（日本の法律）
7. music（音楽）
8. their manager（彼らの部長）

実は、P. 26で表にしたもの以外にも代名詞はたくさんあります。ここで、その他の重要な代名詞をチェックしておきましょう。

その他の代名詞

1. 指示代名詞：近くや離れた所にある物を指し示す

- **this**（これ）　近くの物を指す（複数形は**these**）
- **that**（あれ）　離れた所の物を指す（複数形は**those**）
 I like **this**.（これが好きです）

2. 不定代名詞：不特定の物を表す代名詞

- **one**（ある人、物）数えられる不特定の物（人）1つ（人）を指す

- **each**（それぞれの人、物）複数ある中の1つひとつを指す
 A ticket was given to **each** of the passengers.
 （乗客1人ひとりにチケットが与えられた）

 We have to help **each other**.
 （われわれは互いに助け合わねばならない）
 ※**each other**（お互いに）

- **the other**（もう片方、その残った人、物）特定の物（人）1つ（人）を指す
 There are two coffee shops in this building. One closes at 7 P.M., but **the other** is open until 9 P.M.
 （この建物にはコーヒーショップが2店ある。1店は午後7時に閉まるが、もう1店は9時まで開いている）

「2店舗のうちの1店でない残り」は特定できるので、特定の物に付く冠詞(P. 23) theが付き、the other(= the other coffee shop)となる。

- **another**(他の人、物) 他の物(人)の中の、不特定の1つ(人)を指す
  Since this store is too expensive, let's try another.
  (この店は高すぎるので、別の店を試してみよう)

  店の数に言及がないので、「この店」以外に店は複数あると考えられる。その中の「不特定の1つ」に、不特定の単数を表す冠詞anを付けて、an + other → another (= another store)としたもの。
  ※ 従ってanotherの直後には複数名詞が続かないことに注意!

- **others**(他の人、物たち) 複数ある不特定な他の物(人)を指す
  Some workers commute by train and others by car.
  (電車で通勤する人もいるし、車で通勤する人もいる)
  ※ others (= other workers)

【その他の不定代名詞】

someone(誰か)、**nobody**(誰も…ない)、**anything**(何か、何でも)
something(何か)、**everything**(すべて)、**none**(何も、誰も…ない) など

EXERCISE 11 (解答はP. 232)

正しい英文になるよう、(　)内のどちらか適切な単語を選んでください。

1. We are waiting for (another / other) shipment.
2. The pilot felt (it / something) was wrong with the engine.
3. The mechanics exchanged their tools with (each / one) other.

TOEICではこう出る！

Part 6形式のショートバージョンにトライしましょう。

We will be offering knitting classes at several community colleges in the city this year and may be interested in selling your knitting needles in those classes. We would appreciate it if you would send ------- (1.) your latest catalogues and price lists. As you know, the academic year is about to begin, so having ------- (2.) as soon as possible would be greatly helpful.

1. (A) other
   (B) us
   (C) her
   (D) him

2. (A) it
   (B) you
   (C) them
   (D) me

選択肢に**異なった代名詞が並んでいたら、代名詞が指す名詞を探す問題**です。主にPart 6で出題され、空所の前の文脈から判断する必要があります。指している名詞が複数か単数か、人か物か、人ならば性別も意識して適切な代名詞を選びましょう。

1. 正解：(B) us

冒頭で、この文の筆者は「私たちは御社の編み針」に興味があると述べているので、カタログの送付先は、筆者を表す (B) us が適切です。空所の前には (C) her や (D) him が指しそうな女性も男性も登場していません。また、(A) other なら your other latest catalogues という語順になるので、空所の位置には不適切です。

2. 正解：(C) them

「-------をできるだけ早く持つことは非常に助かる」の空所には、前文の catalogues and price lists（カタログと価格表）が入ると意味が通ります。「複数の物」を指す代名詞 (C) them が正解です。

訳 私どもは今年、市内のコミュニティーカレッジ数校で編み物教室を開く予定であり、それらの教室で御社の編み針を販売できればと考えております。御社の最新カタログと価格表を弊社にお送りいただければ幸甚に存じます。ご存じのとおり、新年度がまさに始まろうとしておりますので、それらをできるだけ早く入手できれば非常に助かります。

代名詞の指すものは3つのポイントに注意して、前にある名詞をチェック!

1. 複数か単数かに注意

Students worry about **their** grades. ○
(生徒たちは彼らの成績に悩む)

Students worry about **his** grades. ×

2. 人か物かに注意

The **actress** recovered **her** health. ○
(女優は彼女の健康を取り戻した)

The **actress** recovered **its** health. ×

3. 男性か女性かに注意

Mr. Park fixed the TV **himself**. ○
(朴氏は自分でテレビを直した)

Mr. Park fixed the TV **herself**. ×

TOEICでは、問題文中に登場していない人や物を指して、代名詞を用いることはありません。

EXERCISE 12 (解答はP. 232)

正しい英文になるよう、( )内の適切な代名詞を選んでください。

1. The children were enjoying (his / their) toys.
2. The train started to slow (its / their) speed.
3. Ms. Kim left (her / his) company.
4. The museum houses many paintings in (its / their) basement.
5. The manager took his employees to the fair with (him / it).

実践問題　名詞と代名詞

1. Many manufacturers have utilized the Internet to promote ------- products, and have built Web sites.
(A) they
(B) their
(C) them
(D) theirs

2. Unfortunately, there were not ------- participants from the developing world at this year's conference.
(A) much
(B) most
(C) many
(D) a lot

3. Mr. Bronco, chairman of Five Star Home, wrote the report ------- and printed it on recycled paper.
(A) it
(B) him
(C) himself
(D) ourselves

4. Ms. Mobson constantly encourages ------- staff to define and discuss their goals and helps find ways to meet them.
(A) she
(B) her
(C) hers
(D) herself

5. Most drivers could not find any ------- in the overall performance of their vehicles when running on LPG.
(A) differ
(B) different
(C) difference
(D) differently

6. The manual specifies how a program is to be compiled and how its files depend on ------- other.
(A) each
(B) every
(C) some
(D) an

Questions 7-10 refer to the following e-mail.

Dear Mr. Pound

Thank you for visiting us last week. Our president, Mr. Diack, was very glad to have had a meaningful and friendly talk with you. At the meeting ------- agreed with your suggestion that we make a new brand for our new line of toddler outerwear. Our project team has made ------- suggestions for the new brand name. Here I have attached the list of the ------- for your consideration. -------.
We are looking forward to hearing from you.

Kate Spencer

7. (A) she (B) you
   (C) he (D) they

8. (A) several (B) every
   (C) another (D) any

9. (A) places (B) designers
   (C) events (D) names

10. (A) I hope you enjoyed your stay here.
    (B) Please take a look at it and let us have your feedback.
    (C) The sales campaign for the new line started this week.
    (D) We believe that we should discontinue this line.

実践問題 名詞と代名詞 解答と解説

1. (B) their
解説 まず選択肢を見ると、theyの異なった形が並んでいるので、代名詞の格の問題だと分かります。直後に、products(製品)という名詞があることさえ分かれば、名詞の前に来る形、所有格の (B) their が選べます。残りの部分を読む必要はありません。 ☞技3 P. 27

訳 多くの製造業者は自社商品販促のためにインターネットを活用していて、ウェブサイトを立ち上げている。

(A) 彼らは　(B) 彼らの　(C) 彼らを　(D) 彼らのもの

2. (C) many
解説 選択肢に数量形容詞が並んでいるので、空所の直後の名詞が単数か複数かをまずチェックしましょう。participants(参加者)の意味を知らなくても、語尾の -s から複数形であると考え、不可算名詞しか修飾しない (A) much は除外します。(B) most は、可算、不可算どちらも修飾できるものの、「ほとんどの参加者がなかった」では意味を成さないのでやはり選べません。(C) many が複数形を修飾できるので正解です。(D) は a lot の後ろに of があれば正解となります。 ☞技2 P. 24

訳 残念ながら、今年の会議における発展途上地域からの参加者は多くなかった。

(A) たくさんの　(B) ほとんどの　(C) 多くの　(D) たくさん

3. (C) himself
解説 異なった種類の代名詞が選択肢に並んでいますが、まず形で外せる選択肢は除外しておきましょう。空所の直前にreport(リポート)という名詞があるので、名詞の直後にも置ける再帰代名詞の (C) himself か (D) ourselves が残ります。ourselves が指すべきwe(私たち)という言葉が文のどこにもないので、Mr. Bronco(ブロンコ氏)を指している、強調の意味の(C)が残ります。 ☞技3 P. 28、技4 P. 33

訳 ファイブ・スター・ホーム社会長のブロンコ氏は、自らリポートを書いてそれを再生紙に印刷した。

(A) それ　(B) 彼を　(C) 彼自身　(D) 私たち自身

4. (B) her

解説 全文を読んで理解しようとするとたじろいでしまうぐらい難しい文ですが、選択肢を先読みしていれば、代名詞の格を選ぶ問題だとすぐ分かります。空所の直後のstaff(スタッフ)が名詞と分かりさえすれば、名詞を直後に続けられるのは、選択肢の中では所有格の (B) her しかないので、迷うことも、時間がかかることもありません。 ☞技3 P. 27

ちなみに、staffは形は単数形でも「人の集合体」なので、この問題文のように代名詞はtheirなどで表されます。meetは「達成する」の意味で使われており、themはgoalsを指しています。

訳 モブソンさんは常に彼女のスタッフが目標を定めてそれについて話し合うことを奨励し、目標を達成する方法を見つけるのを助けている。

　(A) 彼女は　(B) 彼女の　(C) 彼女のもの　(D) 彼女自身

5. (C) difference

解説 選択肢に語尾の違う似たつづりの単語が並んでいるので、品詞の問題だと分かります。any ------で動詞find(見つける)の目的語になるのは名詞の (C) difference です。その後を読む必要はありません。 ☞技1 P. 20

訳 ほとんどのドライバーは、LPG(液化石油ガス)で走ったときの車の総合的な機能になんら違いを見いだせなかった。

　(A) 動 異なる　(B) 形 異なった　(C) 名 違い　(D) 副 異なって

6. (A) each

解説 数量形容詞が選択肢に並んでいるので、やはり空所の直後を見ます。するとotherがあるので、each other(互いに)というイディオムさえ知っていれば(A)が即選べます。 ☞P. 30

ちなみに (B) every other(1つおきの)は、後ろに単数名詞が続かないと使えません。(D) an other(ほかの…)はTOEICでは用いられない表現です。(C) some other はあり得ない表現で、正しくは some others(ほかの何人[個]か)となります。

訳 手引書はプログラムのコンパイルの仕方、そのファイルの相互依存のあり方を詳述している。

　(A) それぞれの　(B) すべての　(C) いくらかの　(D) ある1つの

7. (C) he
解説「あなたの提案に同意した」の主語はMr. Diackなので、(C)が正解。(A) she が指す女性はその前に登場していません。 👉 技4 P. 33

8. (A) several
解説 直後の名詞 suggestions（提案）が複数形になっているので、可算名詞の単数形にしか付かない (B) every（すべての）、(C) another（もう1つの）は外れます。(D) any（いかなる）は否定文、疑問文で用いるのが原則であり、意味も通りません。従って「数個の」の(A)が最適です。 👉 技2 P. 24

9. (D) names
解説 前文で「新ブランドの名称をいくつか提案した」と述べているので、添付するのは名称のリストと考えられます。(A) places（場所）、(B) designers（デザイナー）、(C) events（イベント）はいずれも不適切です。

10. (B) Please take a look at it and let us have your feedback.
解説 名称のリストを添付したのは意見を聞くためと考えられるので、「それを見てフィードバックをお願いします」という意味の(B)が最適です。

訳 (A) 当地での滞在を楽しまれたことを願っております。
　　(B) ご一読の上、ご意見をお聞かせください。
　　(C) 新ラインのセールスキャンペーンが今週始まりました。
　　(D) このラインは中止すべきだと信じています。

問題文訳 質問7から10は次のEメールに関するものです。

パウンド様

先週はご足労いただきありがとうございました。弊社社長のディアック氏は、あなたと意義深く友好的な話し合いができて大変喜んでおりました。あの会合で彼は、幼児向けアウターの新ライン用に新しいブランドを立ち上げるという御社の提案に同意いたしました。弊社のプロジェクトチームで、新ブランドの名称案をいくつか作成しました。ご検討いただくため、ここに名称のリストを添付いたします。ご一読の上、ご意見をお聞かせください。／お返事をお待ちしております。／ケイト・スペンサー

2 動詞

「動詞」は英文の骨格を形成する重要な品詞です。
TOEICでは文脈に応じた動詞の適切な形が問われます。
この章では動詞の役割や、
時間に応じた形の変化を学びましょう。

この章を始める前に思い出そう!
30秒 文法用語チェック!

動詞……動作や状態を表す言葉

助動詞…動詞を助けて、可能、許可などの
　　　　意味を付加する言葉

時制……時の言い表し方

ウォーミングアップ！

この章で使われる語句を押さえましょう。1〜16の語句の意味をa〜pから選んでください。

1. submit ( )
2. stairs ( )
3. boarding tickets ( )
4. cafeteria ( )
5. factory ( )
6. necessary ( )
7. value ( )
8. add ( )
9. improve ( )
10. cost ( )
11. place ( )
12. attract ( )
13. export ( )
14. agree ( )
15. process ( )
16. recommend ( )

a. 置く
b. 費用がかかる
c. 工程、処理する
d. 提出する
e. 引きつける
f. 輸出する
g. 搭乗券
h. 薦める
i. 食堂
j. 尊重する、価値
k. 加える
l. 階段
m. 改善する
n. 工場
o. 必要な
p. 同意する

解答

1. d 2. l 3. g 4. i 5. n 6. o 7. j 8. k 9. m
10. b 11. a 12. e 13. f 14. p 15. c 16. h

※これらの単語はダウンロード音声で聞くことができます（P. 230）。

1 述語部分を作るもの

英語では「…が〜する」「…が〜である」のように、主語の次に述語に当たる言葉が来ます。この述語部分を作るのが**動詞**です。動詞にはbe動詞と一般動詞があります。まずはそれぞれの形を覚えましょう。

キホン

1. 動詞の種類
(1) be動詞：am、is、are
「AはBである」と言うときの「**である**」、「AはBにいる」と所在を表すときの「**いる**」の2つの意味があります。

　　We **are** engineers.（私たちはエンジニア**である**）
　　Ben **is** at home.（ベンは家に**いる**）

(2) 一般動詞：do（する）、have（持っている）など
be 動詞以外のすべての**動作や状態を表す動詞**です。

　　I **do** my job.（私は自分の仕事をする）
　　We **have** tickets.（私たちはチケットを持っている）

2. 主語による動詞の変化
主語の数と人称によって、動詞の形が変わります。一般動詞は、主語が三人称単数（→P. 26）のとき、語尾に -s、-es が付きます（不規則変化もあり）。

		主語	be 動詞	一般動詞 -s	一般動詞 -es	一般動詞 不規則
単数	一人称	I	am	stop	do	have
単数	二人称	you	are	stop	do	have
単数	三人称	he/she/itなど	is	stop**s**	do**es**	**has**
複数	一人称	we	are	stop	do	have
複数	二人称	you	are	stop	do	have
複数	三人称	theyなど	are	stop	do	have

EXERCISE 13 (解答はP. 232)

正しい英文になるよう、次の(　)内の適切な動詞を選んでください。

1. Tom's coworkers (are / is) rarely late for work.
2. Their product (are / is) very popular.
3. Passengers (need / needs) boarding tickets.
4. Our flight (stop / stops) in Vancouver.
5. Many children (have / has) the new video games.

TOEICではこう出る!

Reputable shops in our group always ------- customer feedback to keep their business.

(A) value
(B) values
(C) valuing
(D) to value

選択肢に動詞のさまざまな形が並んだときにはまず、空所に動詞となる形が求められているのかをチェックしましょう。この問題文にはどこにも動詞がないので、空所に動詞が求められていることが分かり、(A)と(B)が残ります。動詞になり得る選択肢が複数残った場合はまず、主語と動詞の組み合わせを見てみましょう。主語は複数名詞のshopsなので、三人称単数の -s の付かない(A)が残ります。

正解：(A)

訳 わがグループの評判の良い店舗は、ビジネス維持のため顧客の意見をいつも尊重している。

技 5 動詞の問題、基本アプローチはこれ!

1. 動詞のいろいろな形に惑わされない

5章で学ぶ準動詞(現在分詞、不定詞、過去分詞)は、それぞれ単体では動詞の働きをしないので、動詞が入るべき空所には入れられません。

Workers **doing** a good job.　✗　(現在分詞)
Workers **to do** a good job.　✗　(不定詞)
Workers **done** a good job.　✗　(過去分詞)

2. 主語をきちんと見つけて動詞と正しく組み合わせる

(1) 不可算名詞は三人称単数扱い

Tea is good for health.（お茶は健康に良い）

(2) and で並べられた主語は複数扱い

Mr. Hopkins and Ms. Lloyd want the book.
（ホプキンス氏とロイドさんがその本を欲しがっている）

(3) 「最初に出てくる名詞・代名詞」が主語

The old **temples** in Kyoto are famous.
（京都の古い寺は有名だ）

※theもoldも共に名詞temples(寺)を修飾する言葉で、主語は文中で最初に出てくる名詞、templesです。

(4) 前に前置詞が付いた名詞は主語ではない

In the old temple visitors relax.
（古い寺で訪問者はリラックスする）

※この文の最初の名詞はtempleですが、これは前置詞inの目的語(→P. 17)であって、文の主語にはなりません。従って、主語はその次の名詞visitorsとなります。
ちなみに、(3)の例文中のKyotoも前置詞inの目的語であって、areの主語ではありません。**動詞の直前の名詞の「数」に惑わされない**ようにしましょう。

EXERCISE 14 (解答はP. 232)

次の文の主語を指摘してください。

1. The very big hotel attracts many guests.
2. From Monday workers can use the cafeteria.
3. The machines in this factory are quite new.

EXERCISE 15 (解答はP. 233)

正しい英文になるよう、(　)内の適切な単語を選んでください。

1. A lot of water (is / are) necessary for this process.
2. Mr. and Mrs. Ducey (has / have) a big house.
3. People in this town (takes / take) buses.
4. Buses (carrying / carry) many passengers.

2 助動詞

助動詞とはその名の通り**動詞を助ける言葉**で、それ自体には動作を表す意味はありません。ここでは、リーディング・セクションで問われる動詞とのつながり方や、リスニング・セクションでも大事な慣用表現を確認しましょう。

キホン

助動詞の働き

助動詞は、その後に続く動詞に**可能**や**義務**などの意味を付加して、動詞とワンセットで文の述語部分になります。

> We make a film.（私たちは映画を**作る**）
> We **can make** a film.（私たちは映画を**作ることができる**）
> We **must make** a film.（私たちは映画を**作らなければならない**）

※助動詞canはmake(作る)という動詞に「できる」という意味を付加し、mustは「しなければならない」という意味を付加しています。
　この場合、We can make a film.の動詞は「can make」、We must make a film.の動詞は「must make」と言うことができます。

要メモ！

動詞の原形

助動詞の後ろに置かれる動詞は**原形**と呼ばれる形を取ります。
これは動詞の最も基本的な形で、be動詞のis、am、areは**beが原形**、一般動詞は語尾に三人称単数の -s や、過去形(P. 50)の -ed や、進行形(P. 51)の -ing などが**付いていない形が原形**です。
つまり助動詞を用いるときは、主語の数や人称、時制がどうであれ、動詞の形は変わらないということです。

ここで主要な助動詞の意味を押さえておきましょう。

キホン

主な助動詞の意味

1. **can**：「…できる、…であり得る」
   - 能力：I **can** sing well.（私はうまく歌える）
   - 可能性：It **can** happen.（それは起こり得る）

2. **may**：「…して良い、…かもしれない」
   - 許可：You **may** sit here.（あなたはここに座っても良い）
   - 推量：Erick **may** be sick.（エリックは病気かもしれない）

3. **must**：「…しなければならない、…に違いない」
   - 義務：You **must** work.（あなたは働かねばならない）
   - 断定：You **must** be Hailey.（あなたはヘイリーに違いない）
   - 禁止：You **must not** be late.（あなたは遅刻してはいけない）

4. **will**：「…するつもりだ」
   - 意志：I **will** go to the party.（私はそのパーティーに行くつもりだ）

5. **should**：「…するべき、…するはずだ」
   - 義務：You **should** be there.（あなたはそこにいるべきだ）
   - 禁止：You **should** not do it.（あなたはそれをすべきでない）

have to の表現

「**have to** + **動詞の原形**」でも、mustやshouldと同じく**義務**を表すことができます。しかし、have toの否定形はmust not、should notのように「…してはいけない」という禁止の意味ではなく、「…しなくても良い」という意味になります。

You **have to** work overtime.（残業**しなければならない**）
You **don't have to** work overtime.（残業**しなくても良い**）
You **must not** work overtime.（残業**してはいけない**）

EXERCISE 16 （解答はP. 233）

次の文を（　）内の日本語の意味になるように、適切な助動詞を用いて書き直してください（動詞の形に気を付けましょう）。

1. We wear caps.　（私たちは帽子をかぶるべきだ）

2. Tom speaks French.　（トムはフランス語を話すことができる）

3. You are tired.　（あなたは疲れているかもしれない）

4. Workers eat by the machine.　（作業員は機械のそばで食事してはいけない）

5. I visit the customer.　（私がその客を訪ねよう）

助動詞の過去形

要メモ！

実はshouldは、shallという助動詞の「過去形」ですが、過去のことを意味しているわけではありません。同様にそれぞれの助動詞には、下記の表のように「過去形」がありますが、過去のことを表すのではなく、慣用表現の中で用いられることがほとんどです。

助動詞の現在形と過去形

現在形	can	may	must	will	shall
過去形	could	might	—	would	should

Would / Could you help me?
(手伝ってもらえますか?) ※丁寧な表現

I would like something to drink.
(何か飲み物をいただきたいのですが) ※丁寧な表現

The flight might be late. (フライトは遅れるかもしれない)

※mayよりmightの方が、より可能性の低い「かもしれない」になります。

TOEICではこう出る！

Qualified candidates should ------- a PhD in Physics, Computer Science, Engineering, or in a related field.

(A) holding
(B) held
(C) holds
(D) hold

空所にふさわしい動詞の形を求められる問題です。空所の前にはshouldという助動詞があるので、助動詞と組み合わせられない形をさっさと除外していきましょう。助動詞の後には原形が来るので(D)が残ります。

正解：(D)

訳 有資格候補者は、物理学、コンピューターサイエンス、工学、もしくは関連分野の博士号を有していなければならない。

技6 助動詞の後には動詞の原形を選ぶ!

Hugh **can uses** the machine.　✕
Hugh **can use** the machine.　〇
（ヒューはその機械を使える）

EXERCISE 17 （解答はP. 233）

次の英文が正しいかどうか判別してください。

1. The company should started its campaign.
2. The workers can get their bonuses next week.
3. It may fine tomorrow.

③ 時制

時制とは**現在・過去・未来など時を表す表現**のことで、動詞の形を変化（活用）させて作ります。時制を学ぶ前にここではまず、**動詞の活用**を整理しておきましょう。

> キホン

動詞の活用

動詞はいつも、**現在形・過去形・過去分詞のセットで覚えましょう**。過去分詞とは、完了などの意味を表す完了形(→P.51)や、受け身の意味を表す受動態(→P.56)で用いる形です。

1. be動詞の活用

	現在形	過去形	過去分詞
である・いる	am	was	been
	is	was	been
	are	were	been

2. 一般動詞の活用例（規則変化）

	現在形	過去形	過去分詞
欲する	want(s)	wanted	wanted
勉強する	study(-ies)	studied	studied
止める	stop(s)	stopped	stopped

3. 一般動詞の活用例（不規則変化）

	現在形	過去形	過去分詞
持っている	have/has	had	had
行く	go(es)	went	gone
取る	take(s)	took	taken

EXERCISE 18 （解答はP. 233）

次の動詞の活用を言ってみましょう（分からない場合は辞書などで調べてみましょう）。

1. send（送る） **2.** hold（催す） **3.** find（見つける）
4. break（壊す） **5.** choose（選ぶ） **6.** bring（もたらす）

時制は、話し手が「現在・過去・未来」の3つの時点のうち、どこに視点を置いて物事を述べているかで形が変わります。この大きな3つの時点ごとに、それぞれ細かい表現があります。

1. 現在に視点があるとき
(1) 現在形

現在の事実、習慣などを表します。

Jim **is** a chief engineer.（ジムは主任エンジニアだ）
Jim **works** for Aero Corp.（ジムはエアロ社に勤めている）

(2) 現在進行形：be動詞(am / is / are) ＋ 動詞の原形-ing

今現在、動作が進行していることを表します。

Jim **is working** in his office.（ジムはオフィスで勤務中だ）

(3) 現在完了形：have / has ＋ 過去分詞

過去に起きたことが今も影響していることを表します。

※このとき使う have / has は助動詞の一種で、「持っている」という意味はありません。助動詞の中で、後ろに原形を伴わない唯一の例外です。

継続：過去の一時点から今まで動作や状態が続いている

Jim **has been** a chief for five years.
（ジムは5年間主任をしている）

We **have known** him since 2001.
（われわれは2001年以来彼を知っている）

経験：過去の一時点から今までに経験したことがある
We **have seen** his wife.
（われわれは彼の妻に会ったことがある）

結果：過去に完了した結果が今も影響している
He **has gone** to London. （彼はロンドンに行ってしまった）
※「行ってしまって今ここにいない」という状況

2. 過去に視点があるとき
（1）過去形
過去の一時点の動作や事実、習慣を表します。
We **were** lucky yesterday. （私たちは昨日幸運だった）
Dr. Che **gave** a speech last night.
（チェ博士は昨夜スピーチをした）

（2）過去進行形：be動詞の過去形（was / were）＋ 動詞の原形-ing
過去の一時点に動作が進行していたことを表します。
Dr. Che **was giving** a speech when we entered the room.
（私たちが入室したとき、チェ博士はスピーチをしているところだった）

（3）過去完了形：had ＋ 過去分詞
動作や状態が、ある過去の一時点よりも前に起きていたことを表します。
Dr. Che **had finished** his speech when we entered the room.
（私たちが入室したとき、チェ博士はスピーチを終えていた）

3. 未来に視点があるとき
（1）未来形：will ＋ 動詞の原形
未来の予定を表します。
You **will be** a good teacher. （あなたは良い先生になるだろう）
We **will meet** the customer tomorrow.
（私たちは明日顧客に会うだろう）

(2) 未来進行形：will + be + 動詞の原形-ing

未来の一時点での動作の進行、単なる予定を表します。

The shipment **will be arriving** tomorrow.
(荷物は明日着くだろう)

(3) 未来完了：will + have + 過去分詞

未来の一時点までに動作や状態が完了していることを表します。

We **will have reached** a conclusion by tomorrow at noon.
(明日正午までに結論に達しているだろう)

EXERCISE 19 (解答はP. 233)

正しい英文になるよう、(　)内の適切な時制を選んでください。

1. Mr. Kelly (buys / bought) the car last year.
2. Our company (started / had started) business 100 years ago.
3. By tomorrow we (will have found / found) the answer.

TOEICではこう出る！

The company ------- the location near Interstate 77 ten years ago because of the ready supply of raw materials.

(A) has chosen
(B) chose
(C) choosing
(D) chooses

※解答は次ページ

(C) choosing は単独では動詞にならないので真っ先に除外しましょう。後は時制が異なる選択肢、(A)、(B)、(D)が残るので、**時を表す語句をヒント**にします。この英文には ten years ago (10年前)という過去の一時点を表す語句があるので、(A)の現在完了形と、(D)の現在形は除外でき、過去形の (B) chose が正解となります。このように **TOEICで問われる時制は基本的なものが多く、複雑なものはまず出題されません。**

正解：(B)

訳 その会社は10年前、原材料の入手のしやすさを理由に州間高速道路77号線の近くの場所を選択した。

技7 時制をつかむコツ

1.「時」を表す語句に注目
- 過去形　**last year**（去年）、**two days ago**（2日前）など
- 未来形　**next week**（来週）、**in five days**（5日後に）など
- 現在形　**now**（今）、**currently**（現在）など

2. 文中にあるほかの動詞の時制を見る
The restaurant **was** crowded because it **is** Saturday night.　×
The restaurant **was** crowded because it **was** Saturday night.　○
（土曜日の夜だったので、レストランは込んでいた）

※「込んでいた」のが過去なので、その理由も過去

3.「for + 期間を表す言葉」があれば、現在進行形は選ばない
It is raining **for three days**.　×
It has been raining **for three days**.　○
（3日間雨が降り続いている）　※現在完了進行形

4. 過去の一時点を表す表現があれば、現在完了形は選ばない
We have opened the book store **in 2002**.　×
We opened the book store **in 2002**.　○
（私たちは2002年に書店を開いた）

※「過去の一時点から今までずっと」の意味になるsinceがあればOK。

We have run the book store **since 2002**.　○
（私たちは2002年以来書店を営んでいる）

EXERCISE 20 (解答はP. 233)

次の下線部が正しいかどうか判断してください。

1. The directors <u>are discussing</u> for three hours.
2. The country <u>has closed</u> the port three years ago.
3. When the elevator <u>was</u> out of order, we took the stairs.

4 受動態

今まで見てきたような「…が〜をする」という文を能動態と呼びます。その逆の「…が〜される」という文は受動態といい、「be動詞＋過去分詞」の形で表します。まずは受動態の作り方を詳しく見てみましょう。

キホン

受動態の作り方：be動詞 ＋ 過去分詞
次の文（能動態）を受動態に書き換えてみましょう。

  Meg wrote those interesting books.
  （メグはあれらの面白い本を書いた）

STEP 1：動詞の目的語を見つけて主語にする
目的語はthose interesting booksなので、受動態の文では**Those interesting books**が主語になります。

STEP 2：be動詞を置く
受動態の文の主語が単数か複数か、元の文の時制は何かを考えてbe動詞を決めます。この場合booksが複数で、元の文のwroteが過去形だったので、be動詞は were になります。

  Those interesting books **were**

STEP 3：過去分詞を置く
元の文の動詞の過去分詞をbe動詞の後ろに置きます。wroteの過去分詞はwrittenです。

  Those interesting books were **written**

STEP 4：行為者を置く
元の文の主語を行為者を表す前置詞byの後ろに置き完成。

  Those interesting books were written **by Meg.**
  （あれらの面白い本はメグによって書かれた）

EXERCISE 21 （解答はP. 233）

次の文を受動態に書き換えてください。

1. The company exports chemicals. （その会社は化学品を輸出している）

2. The club members hold a party every year.
（クラブ会員たちは毎年パーティーを催している）

次に、いろいろな文を受動態にしてみましょう。

受動態の文の種類

1. 助動詞がある文の受動態：助動詞 ＋ be動詞 ＋ 過去分詞

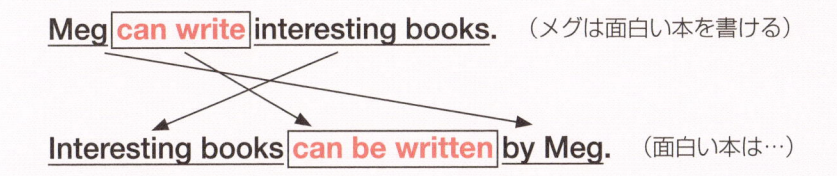

Meg can write interesting books. （メグは面白い本を書ける）

Interesting books can be written by Meg. （面白い本は…）

助動詞は受動態でもそのまま使います。**助動詞の後のbe動詞はすべて原形のbeになります**（助動詞がhave / hasのときを除く）。

2. 完了形の受動態：have / has been ＋ 過去分詞

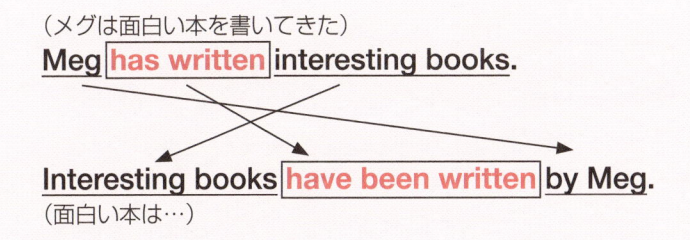

（メグは面白い本を書いてきた）
Meg has written interesting books.

Interesting books have been written by Meg.
（面白い本は…）

現在完了形の場合は主語が単数か複数かでhas / haveを使い分けましょう。その後の**be動詞は常に過去分詞been**です。

要メモ！

行為者の省略

行為者が**一般的な人**のときはby以下を省略するのが普通です。

French is spoken in Quebec.
(ケベックではフランス語が話されている)

→元の能動態の文：**They speak French in Quebec.**

※Theyはここでは「彼ら」ではなく、一般的に**フランス語を話す人**のことを指しているので、受動態ではby themが省略されています。

EXERCISE 22 (解答はP. 233)

次の文を受動態にしてください。

1. We must find skilled workers promptly.
(技術を持った労働者を早急に見つけなければならない)

2. People have sung this song for a long time.
(人々はこの歌を長く歌ってきた)

3. They will submit the report by next Monday.
(彼らは次の月曜日までにリポートを提出するだろう)

TOEICではこう出る！

CUR Software ------- the release of the latest version of its RK graphical editor targeted toward professional game developers.

(A) announce
(B) are announced
(C) has announced
(D) was announced

選択肢の中に受動態が含まれている場合、正解を絞り込むプロセスに、受動、能動のチェックが必要になると予想しておきましょう。まず、主語が単数なので、(C) has announced、(D) was announced が残ります。(C)は能動態で現在完了形、(D)は受動態で過去形です。時制よりも受動か能動かのチェックの方が早くできることが多いので、まずは主語(CUR Software)と動詞(announce)の意味の関係を見ます。「CURソフトウエア社は発表する」という能動の意味で解釈するのが適切なので、(C)が残ります。

正解：(C)
訳 CURソフトウエア社はプロのゲーム開発者向けのRK画像編集ソフトの最新版の発売を発表した。

技8

受動態か能動態かはここで見分ける！

1. 主語と動詞との意味上の関係を考える

全文を訳す必要はありません。主語と動詞だけを見て、意味的に受動態と能動態のどちらが適切か考えましょう。

> Some **proposals** (submitted / were submitted) for the sales promotion.

> ※主語のproposals(提案書)と動詞submit(提出する)の関係を考えると「提案書は提出**される**」という言い方が普通で、受動態で表現するのが適切と分かります。(訳：販売促進のためにいくつかの提案書が提出された)

2. 能動、受動どちらの意味も成り立つときは、空所の直後に注目

主語と動詞の関係が、能動と受動のどちらもあり得そうなときもあります。たとえば、TOEIC超頻出動詞のpromoteの例を見てみましょう。

> a. Tom will (promote / be promoted) to manager.
> b. Tom will (promote / be promoted) Lisa to manager.

promoteは「…を昇進させる、…を販促する」という意味ですが、「トムが(誰かを)昇進させる」も「トムが昇進させられる」も、どちらもあり得ます。

この場合は、**空所の直後に名詞が来ているかどうか**に注目しましょう。

a. Tom will (promote / be promoted) to manager.

「トムは…をマネジャーに昇進させるだろう」という能動態の場合、「…を」に当たる名詞（目的語）がないため文として不完全になるので、「トムはマネジャーに昇進させられるだろう」という受動態のbe promotedが正解です。
ただし「昇進させられる」という直訳は日本語として不自然なため、しばしば「トムはマネジャーに昇進するだろう」と意訳されます。そのためpromoteは「…を昇進させる」ではなく、「昇進する」という意味だと誤解されるようです。

b. Tom will (promote / be promoted) Lisa to manager.

この文ではLisa（リサ）がpromoteの目的語となっています。従って、「トムはリサをマネジャーに昇進させるだろう」という意味の能動態promoteが正解です。

3. 意味が分からなければ、「空所の直後に名詞があれば受動態は×」に賭ける
単語の意味を知らなければお手上げか、というとそうでもありません。上記の**b**のように**空所の直後に名詞（目的語）があれば受動態ではない**確率が高いのです。例外はあるものの、TOEICはほぼこの原則で乗り切れます。
（P. 58の「TOEICではこう出る！」の問題も、「空所の直後にthe releaseという目的語があるので受動態は×」という見方ができます）

EXERCISE 23 （解答はP. 234）
正しい英文になるよう、（　）内の適切な語句を選んでください。

1. The order (placed / was placed) on December 23.
2. Mr. Oakley (promoted / was promoted) last month.
3. The committee (recommended / was recommended) the first plan.

実践問題　動詞

1. It has ------- a long time for the restaurant to become one of the most prestigious establishments in the region.
   (A) took
   (B) take
   (C) takes
   (D) taken

2. The new TV show ------- the record for the highest rated debut with 8.4 million viewers tuning in for its pilot episode.
   (A) breaking
   (B) break
   (C) broke
   (D) broken

3. For 40 years, BX Limited and Bright Chemical ------- their customers by offering access to quality health care at a competitive price.
   (A) are serving
   (B) has served
   (C) have served
   (D) serves

4. The identity cards scheme ------- more than $5.5 billion to set up and run over the next 10 years.
   (A) will cost
   (B) is cost
   (C) cost
   (D) costing

5. Applicants should ------- the complete application for admission personally to the registrar's office or by post.
   (A) submit
   (B) be submitted
   (C) submitting
   (D) submits

6. All the members ------- that the preparation of the minutes of the last meeting took too long to complete.
   (A) agrees
   (B) agree
   (C) agreeing
   (D) was agreed

Questions 7-10 refer to the following notice.

To all Midland employees

From Alice Walker, general manager

I am pleased to report that our sales last year ------- 7. those of the previous year. ------- means we have 8. achieved the yearly sales goal three years in a row. To celebrate, a party will be held at Wonder Hotel on April 20 at 7 P.M. ------- In addition, the executive board has 9. decided that all of Midland employees deserve an extra bonus. The bonus ------- to your April pay. Look forward 10. to your next paystubs!

7. (A) exceeded (B) has exceeded
   (C) to exceed (D) exceed

8. (A) You (B) He
   (C) Which (D) This

9. (A) Special bonuses will be awarded to each employee at the party.
   (B) Please contact your supervisor by this weekend if you cannot make it to the party.
   (C) We need to talk about how to improve our performance at the gathering.
   (D) The hotel's ballroom is too small for this event.

10. (A) have added (B) had been added
    (C) will be added (D) added

実践問題 動詞 解答と解説

1. (D) taken
解説 時制の異なる動詞が選択肢に並んでいますが、空所の直前が It has になっているのを見れば、hasと組み合わせて完了形を完成する過去分詞 (D) taken が選べます。ちなみに prestigious は「権威のある、有名な」。establishment はここでは、「施設」として用いられています。　☞ P. 51

訳 そのレストランが地域における最も権威のある施設の1つとなるのには、長い時間がかかった。

2. (C) broke
解説 空所の後には動詞がないので、動詞の (B) break (破る) とその過去形の (C) broke が残ります。主語が単数名詞のshow (ショー、番組) なので、三人称単数の -s が付いていない(B)が外れ、(C)が正解となります。ちなみに、showが動詞で主語がThe new TVなら、showに三人称単数の -s が付いているはずです。　☞ 技5 P. 43

訳 840万人の視聴者がパイロット版にチャンネルを合わせたため、その新しいテレビ番組は初回放送最高視聴率の記録を破った。

3. (C) have served
解説 serve (仕える、サービスする) のさまざまな時制の形が選択肢に並んでいます。主語BX Limited and Bright Chemicalは複数と考えるので、(A) are servingと(C) have servedが残ります。文頭にFor 40 years (40年間) という期間を表す言葉があるので、現在進行形は不可で現在完了形の(C)が正解となります。ちなみにcompetitiveは「競争力のある」、qualityは「良質の」の意味を持ちます。　☞ 技5 P. 43、技7 P. 54

訳 40年の間、BX社とブライト化学は顧客に対し、上質な健康管理の手段を他社に負けない価格で提供することでサービスしてきた。

4. (A) will cost
解説 (D) costing はそれ単体で文の動詞になることができないので外します。文末のover the next 10 years (これから10年にわたって) という未来を表す語句が決め手となって、(A) will cost が選べます。この over は、ここでは「…以上の」という意味ではなく、期間を表す前置詞として使われています。　☞ 技7 P. 54

訳 身分証計画は今後10年間で、開設と運営に55億ドル以上の費用がかかるだろう。

5. (A) submit
解説 空所の前後は、Applicants should ------ the となっているので、助動詞に続けることができる原形の (A) submit（提出する）、(B) be submitted（提出される）が残ります。主語Applicants（応募者）から考えると、能動の(A)が適切です。submitの意味が分からないときは、空所の直後に名詞があるので、「空所の直後に名詞があれば受動態を選ばない」の技で対処しましょう。ちなみにpersonallyは「じきじきに、個人的に」の意。　👉 技6 P. 49、技8 P. 59

訳 応募者は必要事項を記入した入学願書を登録事務局へ直接、あるいは郵送で提出しなければならない。

6. (B) agree
解説 文頭のAll the members ------ that の空所に入れることができるのは動詞です。従って (A) agrees、(B) agree、(D) was agreed が残りますが、主語が複数なので、(B) が正解となります。agree that ...で「that以下の…が〜だということに同意する」という意味。ちなみにここでのminutes は「分」ではなく、「議事録」の意味です。
👉 技5 P. 43

訳 前回の会議の議事録の用意が、完成まで長くかかりすぎたという点に全員が同意している。

7. (A) exceeded
解説 report that（〜が…ということを報告する）の後には主語と動詞が必要なので、(C) to exceed は外れます。that以下の主語は複数形の sales（売上）なので、(B) has exceededも不適切。過去形の (A) exceededと現在形の (D) exceed が残ります。sales last year（去年の売り上げ）と言っているので、(A) exceeded（超えた）が正解です。

8. (D) This
解説 動詞が means で三人称単数の -s が付いているので、(A) You はすぐに外せます。8 の空所の前までに「単数の男性」を表す名詞がないので、(B) Heも除外。(C) Which、(D) This が残ります。Whichが「どれ（の）」という疑問詞（→P. 90）なら文末に「？」があるはずです。前に先行詞となる名詞もないので、関係代名詞（→P. 163）でもありません。従って、直前に述べた事柄を指す (D) This（これは）が最適です。

9. (B) Please contact your supervisor by this weekend if you cannot make it to the party.

解説 最後から2つ目の文に、「追加のボーナスは4月の給与に加算される」とあるので、(A)のように「パーティーで与えられるもの」ではないと判断できます。また、空所前の内容が好成績に関するお祝いムードなので、「業績改善のための話し合いが必要」という(C)も不適切。(D)の「ホテルの宴会場が小さすぎる」なら、その後に代替会場への言及があるはずなので、(B)が正解となります。ちなみに、make it で「出席できる、都合がつく」という意味です。

訳 (A) 特別ボーナスがパーティーで各社員に授与される。
(B) パーティーに出席できない場合は、今週末までに上長に連絡してください。
(C) その集会で、業績をどのように改善するか話し合う必要がある。
(D) ホテルの宴会場はこの催しには小さすぎる。

10. (C) will be added

解説 主語が bonus なので、「ボーナスが追加される」という受け身の意味が適切。受動態の (B) had been added と (C) will be added が正解候補となります。前文の executive board has decided から、「ボーナスを支給することが決定されたばかり」だと分かり、最後の文では「次の給与明細をお楽しみに」と言っているので、未来形の(C)が最適となります。

問題文の訳 問題7から10は次のお知らせに関するものです。

ミッドランド社員の皆さんへ
本部長アリス・ウォーカーより
昨年度の売り上げが、前年度を上まわったことをご報告できてうれしく思います。これは3年連続で年間売上目標を達成したことを意味します。これを祝して、4月20日午後7時からワンダーホテルにてパーティーを開催いたします。パーティーに出席できない場合は、今週末までに上長に連絡してください。加えて、重役会はミッドランドの全社員が追加ボーナスに値すると判断しました。ボーナスは4月の給与に加算される予定です。次の給与明細をお楽しみに！

要チェック！語句

previous／前の
in a row／連続して
executive board／重役会
paystub／給与明細
supervisor／上司

achieve／達成する
In addition／加えて
deserve／〜に値する
award／授与する
ballroom／宴会場

3 形容詞と副詞

「形容詞」と「副詞」は他の言葉をより詳しくする修飾語ですが、
それぞれ修飾するものが異なります。
形容詞には文の骨格を成す「補語」としての働きもあり、
形容詞と副詞の判別はTOEICでは
重要なポイントとなってきます。

この章を始める前に思い出そう!
30秒 文法用語チェック

修飾語…他の言葉に説明を付け加える言葉の総称
  例) a safe car(安全な車)、run safely(安全に走る)

補語……主語と動詞だけでは文が成立しないときに補う言葉
  例) The car is beautiful.(その車は美しい)
     主語 動詞 補語

形容詞…名詞を修飾する言葉
  例) a beautiful car(美しい車)

副詞……名詞以外を修飾する言葉
  例) The car runs beautifully.(その車は美しく走る)

ウォーミングアップ！

この章で使われる語句を押さえましょう。1～16の語句の意味をa～pから選んでください。

1. sign	( )	a.	成功した
2. noisy	( )	b.	反対する
3. successful	( )	c.	さまざまな
4. considerable	( )	d.	予期する
5. various	( )	e.	看板、署名する
6. public	( )	f.	扱う
7. extremely	( )	g.	かなりの
8. currently	( )	h.	完全に
9. recently	( )	i.	騒がしい
10. fully	( )	j.	実現する
11. widen	( )	k.	現在は
12. handle	( )	l.	公の
13. realize	( )	m.	広げる
14. expect	( )	n.	極端に
15. disagree	( )	o.	到着する
16. arrive	( )	p.	最近は

解答
1. e   2. i   3. a   4. g   5. c   6. l   7. n   8. k
9. p   10. h   11. m   12. f   13. j   14. d   15. b   16. o

※これらの単語はダウンロード音声で聞くことができます（P. 230）。

1 形容詞

人や物の様子・状態を表す言葉が形容詞です。形容詞の働きと、文中での正しい位置を把握しておくと、TOEICの品詞問題の理解に大いに役立ちます。

キホン

形容詞の働き

1. 補語になる

The building is famous.（その建物は**有名**だ）
　主語　　動詞　　補語

The building became old.（その建物は**古く**なった）
　主語　　　動詞　　　補語

The building is（建物は…だ）、The building became（建物は…なった）のように、主語と動詞だけでは文が完結しないとき、意味を補う言葉を**補語**と呼びます。

2. 名詞を修飾する

　　　　　　　　古い　建物
We like the old building.（私たちはその**古い**建物が好きだ）
　　　　　　　形容詞　名詞

EXERCISE 24 （解答はP. 234）

次の文中の形容詞に〇を付け、その働きを説明してみましょう。

1. The busy road is noisy.
2. The popular actor became sick.

「主語と動詞だけでは文が成立しないときに、動詞の後に来る言葉」という点では、目的語(P. 17)も補語も同じといえますが、この2つには大きな違いがあります。

キホン

目的語と補語の違い

1. 主語＝補語 だが、主語≠目的語

補語は主語とイコールの関係になりますが、目的語は主語とイコールにはなりません。

<u>Gary</u> is <u>a doctor</u>.（ゲーリーは医師だ）　Gary ＝ doctor
主語　　　補語

<u>Gary</u> is <u>kind</u>.（ゲーリーは親切だ）　Gary ＝ kind
主語　　補語

<u>Gary</u> likes <u>dogs</u>.（ゲーリーは犬が好きだ）　Gary ≠ dogs
主語　　　　目的語

2. 補語になるのは名詞（代名詞）か形容詞、目的語になるのは名詞（代名詞）

Gary likes <u>dogs</u>.　〇
Gary likes <u>kind</u>.　×

※形容詞kindは目的語にはなれません。

EXERCISE 25（解答はP. 234）

正しい英文になるよう、（　）内の適切な動詞を選んでください。

1. The man (is / has) many customers.
2. Ms. Baker (is / has) my coworker.
3. Money (is / has) important.

名詞と同じく、**形容詞にも典型的な語尾があります**。少なくとも下の表にあるものだけでも覚えておくと、形容詞の判別がかなり楽になります。

形容詞に多い語尾

	語尾	例
①	-able、-ible	probable（ありそうな）、possible（可能な）
②	-ful	powerful（力強い）、careful（注意深い）
③	-less	endless（終わりのない）、careless（不注意な）
④	-ous	famous（有名な）、various（さまざまな）
⑤	-ant、-ent	important（重要な）、intelligent（知的な）
⑥	-y	easy（簡単な）、lucky（幸運な）
⑦	-ic	scientific（科学的な）、energetic（エネルギッシュな）
⑧	-al	financial（金融の）、ideal（理想的な）

EXERCISE 26 （解答はP.234）

次の単語の語尾を変えて [ ] 内の意味を持つ形容詞を作ってください。右の番号が語尾のヒントになっているので、分からないときは上の表の同じ番号を参照してください。

1. beauty（美しさ）→［美しい］②
2. difference（差異）→［異なる］⑤
3. use（使う）→［無用な］③
4. cloud（雲）→［曇りの］⑥
5. believe（信じる）→［信じられる］①
6. depend（依存する）→［依存した］⑤
7. danger（危険）→［危険な］④
8. capacity（能力）→［有能な］①
9. poet（詩人）→［詩的な］⑦
10. promotion（販促）→［販促の］⑧

TOEICではこう出る!

The CEO exhibits the real mark of a ------- person in that he chooses competent staff.

(A) capacity
(B) capable
(C) capability
(D) capably

語尾の異なる、似たつづりを持つ単語が選択肢に並んでいるので、品詞を問う問題です。こういう場合に問われるのは、4大品詞と呼ばれる**名詞、動詞、形容詞、副詞**が一般的です。それぞれの品詞の形と文中での位置を押さえておけば、空所の前後だけを見て素早く処理できます。この例題でも、a ------- person（1人の…な人）だけを見れば、空所には名詞personを修飾する**形容詞が必要と分かり**、選択肢の中で形容詞の語尾を持つ(B) capable（有能な）が選べます。1章で学んだ名詞の語尾も復習してそれぞれの品詞の形や働きを押さえ、品詞を得点源にしましょう。

正解：(B)

訳 CEOは優秀なスタッフを選ぶという点で、真に有能な人間の証しを示している。
（CEO=Chief Executive Officer：最高経営責任者）
(A) 名 能力　(B) 形 有能な　(C) 名 能力　(D) 副 巧みに

技 9

語尾と位置で形容詞を選ぶ!

1. a / the ＋ ------- ＋ 名詞　の空所には形容詞!
the **beautiful** photo（美しい写真）

2. 前置詞（of / inなど）＋ ------- ＋ 名詞　の空所には形容詞!
of **dangerous** jobs（危険な仕事の）

3. 動詞 ＋ ------- ＋ 名詞　の空所には形容詞!
We met **intelligent** people.（私たちは**知的な**人々に会った）

4. be動詞 + ------- の空所には形容詞!

Mr. Roberts is dependable. (ロバーツ氏は**頼れる**)

ただし、以下のように空所の直後に形容詞か過去分詞がある場合は、be動詞の後ろでも空所に形容詞を選ばない。

Mr. Roberts is ------- dependable.
Mr. Roberts is probable dependable. ✗

※dependableは形容詞で補語なので、その前の空所には、形容詞を修飾する副詞probably(おそらく)などが入ります。(→技10-2 P.77)。

The letter is ------- written.
The letter is beautiful written. ✗

※ writtenは過去分詞で、is writtenという受動態の動詞の間に空所があるため、動詞を修飾しない形容詞は入りません。動詞を修飾するのは副詞(→P.74)beautifully(美しく)になります。従って、**be動詞の後の空所を選ぶときは、空所の後にも注意**が必要です。

※補語(be動詞の後ろに来るもの)になれるのは名詞と形容詞ですが、**TOEICの品詞問題では、補語には形容詞を選ぶ**と考えて良いでしょう。

例) **Tom is intelligent.** 〇 (トムは知性的だ)
　　　　形容詞

　　Tom is intelligence. ✗ (トムは知性だ)
　　　　名詞

トムという「人」と「知性的な(様子の)」という形容詞はイコールで結べますが、「知性」という抽象的な名詞はイコールでは結べません。

EXERCISE 27 (解答はP.234)

次の下線部が正しいかどうか判別してください。

1. The city hall is one of the <u>publicity</u> buildings.
2. We put <u>importance</u> documents here.
3. The negotiation resulted in <u>considerable</u> success.
4. Mr. Cranston's idea is <u>difference</u> from ours.

2 副詞

形容詞は名詞を修飾しますが、名詞以外の言葉(動詞、形容詞など)を修飾するのは副詞です。TOEIC超頻出の「形容詞・副詞の判別問題」を制するには副詞の働きを理解することが欠かせません。

キホン

副詞の働きと語尾

1. 副詞の働き

(1) 動詞を修飾する

Tess <u>moves</u> <u>slowly</u>. (テスは**ゆっくり** 動く)

　　　動詞　　副詞

(2) 形容詞を修飾する

Tess is <u>really</u> <u>slow</u>. (テスは**本当に** ゆっくりだ)

　　　副詞　形容詞

(3) ほかの副詞を修飾する

Tess <u>moves</u> <u>really</u> <u>slowly</u>. (テスは**本当に** ゆっくり 動く)

　　　動詞　副詞　副詞

2. 副詞に多い語尾

基本的に副詞は「**形容詞 ＋ ly**」の形をしています。

　　usual (通常の) ＋ ly ＝ usually (通常は)
　　particular (特別な) ＋ ly ＝ particularly (特に)

EXERCISE 28 (解答はP. 234)

次の文中の副詞に○を付け、その働きを説明してみましょう。

1. Our employees are extremely lucky.
2. We shipped the order quickly.

副詞が表現できることは多く、動作を説明するだけでなく、時や場所を表すこともできます。中には-lyで終わらない語尾のもの、形容詞と同じ形のものもあります。

さまざまな副詞

1. 様態や動作を説明する副詞

hard（懸命に）、well（うまく）、fast（速く）
Bob studies hard.（ボブは懸命に勉強する）

2. 時、頻度を表す副詞

yesterday（昨日）、always（いつも）、often（頻繁に）、
sometimes（時々）、already（すでに）、soon（すぐに）
Bob often cleans his room.（ボブは頻繁に自室を掃除する）
We will come back soon.（私たちはすぐに戻る）

3. 場所を表す副詞

there（そこに）、here（ここに）、abroad（海外に）
Bob sometimes goes abroad.（ボブは時々海外に行く）

4. その他の副詞

very（とても）、even（〜でさえ）、ever（かつて、いつも）、also（〜もまた）
Bob even has a jet plane.
（ボブはジェット機でさえ持っている）

EXERCISE 29 （解答はP. 234）

次の文の間違いを訂正してください。

1. The young man drove very fastly.
2. We always expect your soon answer.

TOEICではこう出る！

The package says that the china in it is very fragile and should be ------- handled during the transportation.

(A) care
(B) careful
(C) cared
(D) carefully

空所の前後だけ見れば選べる問題。be ------- handledという受動態の間に来ることができるのは、動詞を修飾する副詞 (D) carefully だけです。

正解：(D)

訳 パッケージには、内部の陶器が非常にもろく、輸送時に注意深く扱うべきだと書かれている。
(A) 名 注意 (B) 形 注意深い (C) 動 気遣った (D) 副 注意深く

技 10

語尾と位置で副詞を選ぶ！

1. どんな形の動詞でもその前の空所には副詞！

(1) 主語 ＋ ------- ＋ 動詞
We **currently** offer a 5 percent discount.
（現在5パーセント割引をご提供中です）

(2) have / has ＋ ------- ＋ 過去分詞（完了形の文）
The shipment has **finally** arrived.
（荷物がついに到着した）

(3) be動詞 ＋ ------- ＋ 過去分詞（受動態の文）
The restaurant is **fully** booked.
（レストランは完全に予約で埋まっている）

(4) be動詞 ＋ ------- ＋ 現在分詞（進行形の文）
The manager is **openly** criticizing the policy.
（マネジャーはその方針をおおっぴらに批判している）

2. 形容詞の前の空所には副詞!

The notice should be **clearly** visible. ○
(告知ははっきり見えるようにするべきだ)

3. 動詞+目的語の後の空所には副詞!

We **raised** the prices **recently**. ○
(わが社は最近価格を上げた)
We **raised recently** the prices. ✕
※ 副詞は動詞と目的語の間には入らないのが原則です。

EXERCISE 30 (解答はP. 234)

正しい英文になるよう、(　)内の適切な単語を選んでください。なるべく(　)の前後だけを見て選んでみましょう。

1. We (final / finally) finished our campaign.
2. No one can believe such a (questionable / questionably) story.
3. All the products were (fashionable / fashionably) displayed.

要メモ！

動詞に多い語尾・語頭

品詞問題の選択肢によく現れる動詞の語尾・語頭もここで押さえて、4大品詞の問題に備えましょう。

語尾・語頭	例
-fy	classify(分類する)、identify(特定する)、notify(連絡する)
-ize	computerize(コンピューター化する)、realize(認識する)
-en	widen(広げる)、lengthen(長くする)、shorten(短くする)
en-	enrich(豊かにする)、enjoy(楽しむ)、enable(可能にする)

EXERCISE 31 (解答はP. 235)

次の単語の品詞を形だけで判別してみてください。

1. consideration
2. basic
3. commercialize
4. hopeless
5. clarify
6. effectively

実践問題　形容詞と副詞

1. About two in ten respondents ------- disagreed with the statement that the city should hire more police officers.
   (A) strength
   (B) strong
   (C) strongly
   (D) strengthen

2. In the brochure, you can find information on the ------- workshops and consultancy services provided by the company.
   (A) various
   (B) vary
   (C) variety
   (D) variously

3. The list of the defective goods has ------- disappeared from the Internet.
   (A) mystery
   (B) mysterious
   (C) mysteriously
   (D) mystify

4. The newly developed electric vehicle has achieved ------- fuel efficiency and near zero emissions in tests.
   (A) height
   (B) high
   (C) highly
   (D) heighten

5. The author's stories are very ------- and usually get good reviews.
   (A) reality
   (B) realize
   (C) really
   (D) realistic

6. Complex heart surgery was ------- performed on a three-year-old girl at the National Heart Institute recently.
   (A) success
   (B) successful
   (C) successfully
   (D) succeed

7. The manager emphasized that the equipment is ------- expensive to fix, and that everyone should be very careful with it.
   (A) unbelief
   (B) unbelievable
   (C) unbelievably
   (D) unbeliever

8. We are looking for a photographer with ------- knowledge of natural, studio and other lighting techniques.
   (A) width
   (B) wide
   (C) widen
   (D) widely

9. Unskilled immigrant workers cannot expect to find a good job ------- in this city.
   (A) ease
   (B) easy
   (C) easily
   (D) easiness

10. The change in the regulation was made at a ------- convenient time for the company.
    (A) suspect
    (B) suspicion
    (C) suspicious
    (D) suspiciously

実践問題　形容詞と副詞　解答と解説

1. (C) strongly
解説 まず選択肢から品詞の問題と判断しましょう。空所の前後はrespondents ------- disagreed（回答者は…反対した）となっているので、空所には動詞disagreedを修飾する副詞 (C) strongly が適切です。その後を読む必要はありません。ちなみに文頭のaboutは「…について」という意味の前置詞ではなく、「約」という意味の副詞です。
👉 技10 P.76

訳 回答者の10人中約2人が、市が警察官をもっと雇うべきだという声明に強く反対した。

(A) 名 強さ　(B) 形 強い　(C) 副 強く　(D) 動 強める

2. (A) various
解説 the ------- workshops（その…なセミナー）だけ見れば解答できます。空所には名詞workshopsを修飾する形容詞 (A) various が適切です。👉 技9 P.72

訳 そのパンフレットには、社で提供しているさまざまなセミナーや相談サービスの情報が載っている。

(A) 形 さまざまな　(B) 動 さまざまである　(C) 名 多様さ　(D) 副 さまざまに

3. (C) mysteriously
解説 空所の前後はhas ------- disappeared（…に消滅した）と、完了形の動詞になっているので、空所には動詞を修飾する副詞の (C) mysteriously が適切です。👉 技10 P.76

訳 不良品のリストはインターネット上から謎のように消滅した。

(A) 名 謎　(B) 形 謎の　(C) 副 謎めいて　(D) 動 謎めかす

4. (B) high
解説 空所の前後がachieved ------- fuel efficiency（…の燃費を達成した）となっているので、空所には名詞を修飾する形容詞の (B) high が適切です。fuel efficiency は「燃費」。emission は「排出、発散」の意味で、この文のように複数形で使われると「排出物、排ガス」の意味になります。👉 技9 P.72

訳 新しく開発された電気自動車は、テストにおいて高い燃費とほぼゼロに近い排ガス量を達成した。

(A) 名 高さ　(B) 形 高い　(C) 副 高く　(D) 動 高める

5. (D) realistic

解説 are very ------ and の空所の前の very（とても）は副詞なので、空所には副詞に修飾される可能性があり、かつ are の補語になる形容詞 (D) realistic が適切です。
👉 技9 P. 73

訳 その作家のストーリーは非常に現実味があって、大抵は良い評価を得ている。

(A) 名 現実　(B) 動 実現する　(C) 副 本当に　(D) 形 現実的な

6. (C) successfully

解説 was ------ performed（行われた）という受動態の間に来るのは、動詞を修飾する副詞 (C) successfully です。👉 技10 P. 76

訳 3歳の少女に対する複雑な心臓外科手術が、最近、国立心臓研究所において成功のうちに遂行された。

(A) 名 成功　(B) 形 成功した　(C) 副 成功して　(D) 動 成功する

7. (C) unbelievably

解説 空所の前後は、is ------ expensive（高価だ）という意味で、「be動詞 + ------ + 形容詞」の形になっています。expensive が形容詞で補語なので、空所には形容詞を修飾する副詞の (C) unbelievably が入ります。👉 技10 P. 77

訳 マネジャーは、その装置の修理代が信じられないほど高く、全員が注意を払うべきであると強調した。

(A) 名 不信心　(B) 形 信じられない
(C) 副 信じられないほど　(D) 名 不信心者

8. (B) wide

解説 空所の前後は、with ------ knowledge（…の知識と一緒の）という「前置詞 + ------ + 名詞」の形になっています。従って空所には名詞 knowledge（知識）を修飾する形容詞 (B) wide が適切です。👉 技9 P. 72

訳 われわれは自然照明やスタジオ照明、そのほかの照明技術に関する幅広い知識を持ったカメラマンを探している。

(A) 名 広さ　(B) 形 広い　(C) 動 広げる　(D) 副 広く

9. (C) easily

解説 find a good job ------（良い仕事を見つける）という「動詞＋目的語＋------」の空所には動詞 find を修飾する副詞の (C) easily が入ります。形容詞 (B) easy が名詞 job を後ろから修飾するかも、と迷う必要はありません。**形容詞が１語で名詞を修飾するときは、名詞の前に来るのが原則です。** ☛ 技10 P. 77

訳 技術のない移民労働者たちは、この都市で容易に良い仕事が見つかるという期待は持てない。

(A) 名 容易さ　(B) 形 容易な　(C) 副 容易に　(D) 名 容易であること

10. (D) suspiciously

解説 空所の前後は a ------ convenient time となっています。**直後に convenient（都合の良い）という形容詞が来ているので、形容詞を修飾する副詞** (D) suspiciously を選びましょう。たとえ意味が分からなくても、語尾を見るだけで解答できます。
☛ 技10 P. 77

訳 その会社にとって疑わしいほど都合の良い時期に規制の変更がなされた。

(A) 動 疑う　(B) 名 疑念　(C) 形 疑わしい　(D) 副 疑わしく

4 さまざまな文

英文は主語と動詞が基礎となり作られていますが、その順序や形の変化によって、疑問や否定などのいろいろな表現ができます。
TOEICのすべてのパートの英文解釈に必須の基本知識をここで再確認しておきましょう。

この章を始める前に思い出そう!
30秒 文法用語チェック

疑問詞………具体的な内容を尋ねる言葉
　　　　　　例) what(何)、why(なぜ)など
間接疑問文…他の文の一部になっている疑問文
　　　　　　例) I know who you are.
　　　　　　　　(あなたが何者か知っています)
感嘆文………whatやhowで始まる感動を表す表現
付加疑問文…文の最後に付いて、「…ですよね?」と念押しする文
　　　　　　例) It is fine, isn't it ? (いい天気ですよね)

ウォーミングアップ！

この章で使われる語句を押さえましょう。1〜16の語句の意味をa〜pから選んでください。

1. still　　　　　　（ ）　　a. 講演者
2. store　　　　　　（ ）　　b. 貢献
3. lecturer　　　　（ ）　　c. いまだに
4. successor　　　（ ）　　d. …の間で
5. contract　　　　（ ）　　e. 数字
6. profit　　　　　（ ）　　f. やめる、辞める
7. rent　　　　　　（ ）　　g. 保管する、貯蔵する
8. necessarily　　（ ）　　h. 継承者
9. eventually　　　（ ）　　i. やがては
10. figure　　　　　（ ）　　j. （電気など）を切る
11. among　　　　　（ ）　　k. 利益
12. quit　　　　　　（ ）　　l. 必ず
13. explain　　　　（ ）　　m. 家賃
14. turn off　　　　（ ）　　n. 契約
15. contribution　（ ）　　o. 説明する
16. hardly　　　　　（ ）　　p. ほとんど…ない

解答
1. c　2. g　3. a　4. h ※「成功者」という意味ではないので注意　5. n
6. k　7. m　8. l　9. i　10. e　11. d　12. f　13. o　14. j　15. b　16. p

※これらの単語はダウンロード音声で聞くことができます（P. 230）。

1 否定文と疑問文

今まで見てきた「…は〜です」という文を 肯定文 と呼びます。この章では表現に幅を持たせる、肯定文以外のさまざまな文を学びます。まずは「…は〜ではない」という文、否定文 について確認しましょう。

キホン

否定文の作り方

1. be動詞か助動詞のある文
be動詞もしくは助動詞の後ろにnotを入れます。

現在形	助動詞	現在完了形
Ray is wrong.	Ray can swim.	Ray has left.
↓	↓	↓
Ray is **not** wrong.	Ray can**not** swim.	Ray has **not** left.
（レイは間違っていない）	（レイは泳げない）	（レイは帰っていない）

※口語では次のような短縮形でも表します。
 I am not → I'm not You are not → You're not、You aren't
 He is not → He's not、He isn't I cannot → I can't
 You have not → You've not、You haven't

2. 一般動詞だけの文
do / does / did + notを動詞の前に入れます。

現在形	三人称単数現在	過去形
I cook.	Ray cooks.	Ray left.
↓	↓	↓
I **do not** cook.	Ray **does not** cook.	Ray **did not** leave.
（私は料理をしない）	（レイは料理をしない）	（レイは帰らなかった）

※do / does / did + notの後ろの動詞は原形になります。
※口語では次のような短縮形でも表します。
 You do not → You don't He does not → He doesn't
 I did not → I didn't

3. not 以外の否定語で作る否定的な意味の文

not以外にも、文に否定の意味を持たせる単語はたくさんあります。その例を以下に挙げます。

(1) 副詞の否定語

never(決して…ない)、**seldom**・**rarely**(めったに…ない)、**hardly**(ほとんど…ない)、**only**(…しかない)
yet(前の not とセットで、まだ…ない)
Ray is **never** rude.（レイは決して非礼にならない）
Ray **rarely** drives.（レイはめったに運転しない）
Ray **hardly** spoke.（レイはほとんど話さなかった）
We **only** have three hours.（私たちには3時間しかない）
We have not called Ray **yet**.（私たちはまだレイに電話していない）
※We have not **yet** called Ray. という語順も可

(2) 代名詞の否定語

nothing(何も…ない)、**nobody**・**no one**(誰も…ない)
none(何も[誰も]…ない)
We can see **nothing**.（私たちには何も見えない）
Nobody can be perfect.（完ぺきな人は誰もいない）

(3) 数量形容詞の否定語

no(ゼロの)、**few**・**little**(ほとんどない)
We have **no** money.（私たちにはお金が全くない）
We have **little** money.（私たちにはお金がほとんどない）
Little money was left.（お金はほとんど残らなかった）

EXERCISE 32 （解答はP. 235）

次の文を否定文に書き直してください。

1. We eat lunch in the office.（notを使った文に）
2. The president has signed the contract.（yetを使った文に）
3. We know about the case.（hardlyを使った文に）

次に「…は〜ですか？」と尋ねる文、疑問文を確認しましょう。

疑問文の作り方

1. be動詞か助動詞のある文

主語とbe動詞、もしくは主語と助動詞を逆転させ、文末に？を付けます。

現在形	助動詞	現在完了形
Ray is wrong.	Ray can swim.	Ray has left.
↓	↓	↓
Is Ray wrong?	**Can Ray swim?**	**Has Ray left?**
（レイは間違っているか？）	（レイは泳げるか？）	（レイは帰ったか？）
[応答] Yes, he is.	Yes, he can.	Yes, he has.
No, he is not.	No, he cannot.	No, he has not.

2. 一般動詞だけの文

do / does / didを主語の前に置き、動詞を原形にし、文末に？を付けます。

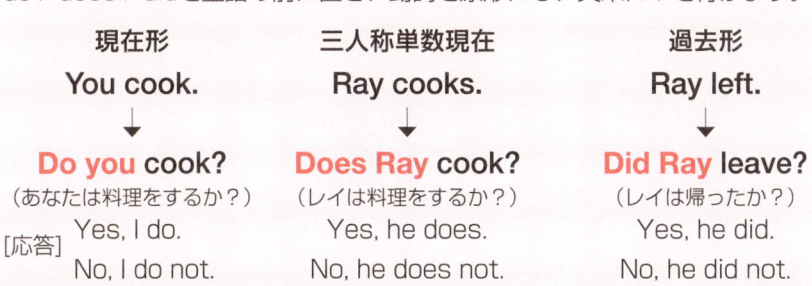

現在形	三人称単数現在	過去形
You cook.	Ray cooks.	Ray left.
↓	↓	↓
Do you cook?	**Does Ray cook?**	**Did Ray leave?**
（あなたは料理をするか？）	（レイは料理をするか？）	（レイは帰ったか？）
[応答] Yes, I do.	Yes, he does.	Yes, he did.
No, I do not.	No, he does not.	No, he did not.

EXERCISE 33 （解答はP. 235)

次の文を疑問文に書き直してください。

1. The waiter is taking an order.
2. The customer called us again.
3. It will be fine tomorrow.

TOEICではこう出る！

Good sales do not ------- mean great net profits for a business.
(A) finally
(B) rarely
(C) already
(D) necessarily

TOEICでは、このように語彙力と文法力を同時に問う問題もよく出題されます。問題文にnotがあるので、文の意味を考える前にまず否定の意味を持つ選択肢(B) rarely は外しましょう。TOEICの文法問題では、二重否定の文を作らないのが原則です。残りの選択肢の意味を考えると、「必ずしも意味しない」となる(D)が適切。not necessarily（必ずしも〜ない）はTOEIC頻出表現です。

正解：(D)

訳 好調な売り上げは、必ずしも事業の大いなる純益を意味しない。
　　(A) ついに　(B) めったに…ない　(C) すでに　(D) 必ず

技 11

否定文の空所には否定語を選ばない

Sara **did not** say **nothing**.　　　×

Sara said **nothing**.　　　　　　　○　（サラは何も言わなかった）
Sara **did not** say **anything**.　　○　（サラは何も言わなかった）

EXERCISE 34　(解答はP. 235)

次の文が正しいかどうか判別してください。

1. Nobody should not be late.
2. It hardly ever rains here.
3. We did not have few questions.

2 疑問詞で始まる疑問文と間接疑問文

what(何)やwhy(なぜ)など、具体的な内容を尋ねるための言葉が疑問詞です。リーディングでもリスニングでも、疑問詞の意味の把握が得点に大きく影響してきます。ここでは、疑問詞の意味とその使い方を押さえましょう。

キホン

1. 疑問詞で始まる疑問文の作り方
疑問文の**尋ねたい部分を疑問詞に置き換えて**文頭に持ってきます。

What did Guy close quietly?（ガイは**何を**静かに閉めたか？）

Did Guy close the door quietly?（ガイはドアを静かに閉めたか？）

How did Guy close the door?（ガイは**どのように**ドアを閉めたか？）

ただし、「誰がドアを閉めたか？」のように**主語を尋ねる疑問文**は、肯定文の主語をwhat、who、whichのどれかに換えるだけです。

Guy closed the door quietly.（ガイはドアを静かに閉めた）

Who closed the door quietly?（**誰が**ドアを静かに閉めたか？）
　［応答］**Guy (did).**　　　　　　（ガイです［が閉めました］）

2. 疑問詞の種類と意味

疑問詞	意味	疑問詞の例文	訳
what	何	What did you buy?	あなたは何を買ったの？
which	どちら	Which did you buy, A or B?	ＡＢどちらを買ったの？
who	誰が	Who bought the bag?	誰がバッグを買ったの？
whose	誰の（もの）	Whose bag is this?	これは誰のバッグ？
who(m)	誰を・と	Who will you see?※	あなたは誰と会うの？
when	いつ	When will you see him?	いつ彼と会うの？
where	どこ	Where will you see him?	どこで彼と会うの？
how	どのように	How will you see him?	どのように彼と会うの？
why	なぜ	Why will you see him?	なぜ彼と会うの？

※whomは実際にはwhoで代用します。

このように疑問詞は、尋ねたい内容が何かで変わります。
→　尋ねたいものが**名詞**であれば
　　what、which、who（whose、whom） のどれか
→　尋ねたいものが**名詞でなければ**
　　when、where、how、why のどれか
を使って疑問文を作るという原則を覚えておきましょう。

3. ほかの言葉とセットになる疑問詞

疑問詞には、ほかの言葉と組み合わせて「どんな…」「誰の…」「どれくらい…」といった表現を作れるものがあります。

（1） what / which / whose ＋ 名詞

　What / Which / Whose song do you like?
　（どんな / どの / 誰の　歌が好きですか？）

　How songs do you like?　✕ Howと名詞の組み合わせは不可
　What do you like song?　✕ 疑問詞と名詞を離さない！

（2） How ＋ 形容詞・副詞

　How often do you go to the gym?
　（どのぐらいの頻度でジムに行きますか？）

　What often do you go to the gym?　✕
　Whatと形容詞・副詞の組み合わせは不可

EXERCISE 35 （解答はP. 235）

下線部を尋ねる疑問詞で始まる疑問文を作ってください。

1. Can the product be stored <u>here</u>?
（商品はここに保管できますか?）
2. Are you looking for <u>a present</u>?
（プレゼントを探しているのですか?）
3. Will the shop have a sale <u>next week</u>?
（その店は来週セールをしますか?）
4. Did you come here <u>for the show</u>?
（ここにはショーのために来たのですか?）
5. Do you have a meeting <u>once a week</u>?
（週に1回会議をしますか?）

疑問文がほかの文の一部になった形を間接疑問文と呼びます。間接疑問文の作り方と形を確認しましょう。

キホン

間接疑問文

今まで見てきたような、誰かに何かを問い掛ける疑問文を**直接疑問文**と呼んでいます。これをほかの文の中の目的語や主語に持ってきたものが、**間接疑問文**です。

1. 疑問詞を含む疑問文の間接疑問文
(1) 疑問文が目的語になった間接疑問文

直接疑問文　What did Guy buy?（ガイは何を買いましたか？）
間接疑問文　We don't know **what Guy bought.**
（私たちは**ガイが何を買ったのか**を知らない）

(2) 疑問文が主語になった間接疑問文

直接疑問文　How did the accident happen?
（どのように事故が起きましたか？）
間接疑問文　**How the accident happened** is still unclear.
（**どのように事故が起きたかということ**はいまだ不明だ）

2. Yes・Noで答える疑問文の間接疑問文

疑問詞で始まらない直接疑問文を間接疑問文にするには、「…かどうか」の意味になる**whether … or not** か、**if … or not**を使います。

直接疑問文 **Did Guy leave?**（ガイは帰りましたか？）
間接疑問文 **We don't know (whether / if) Guy left (or not)**.
　　　　　（私たちはガイが**帰ったかどうか**を知らない）
　　　　※or not はよく省略されます

間接疑問文の語順　　　　　　　　　要メモ！

間接疑問文では、**主語と動詞の語順と形は肯定文と同じ**になります。

We wonder	where is Guy.　✕
	where **Guy is**.　○（ガイはどこにいるのだろう）
	when did Guy leave.　✕
	when **Guy left**.　○（ガイはいつ帰ったのだろう）

※wonder（…かしらと思う、…と不思議に思う）

EXERCISE 36 （解答はP. 235）

次の2つの文を合わせて間接疑問文を作ってください。

1. I don't know ＋ How much is the rent?

2. I don't know ＋ Where does Ray live?

3. I don't know ＋ Have you finished the work?

TOEICではこう出る！

The lecturer explained about the chart on the whiteboard and ------- the figures meant.

(A) how
(B) what
(C) why
(D) when

選択肢に疑問詞が並んでいたら、空所の直後の文構造をチェックします。meant（意味した）は、直後に「…を」に当たる言葉、目的語が来ないと意味が完結しない動詞ですが、ここではその後ろに何も名詞が続いていません。すなわち、**目的語になる名詞が欠落しています。従って、本来ここに来るべき名詞が、疑問詞に置き換わって前に移動したと考えられるので、空所には名詞を置き換えた (B) what が入ります。**

正解：(B)

訳 講演者はホワイトボードに書いた図とその数値が何を意味するかについて説明した。

技12

疑問詞が選択肢に並んでいたら、空所の後ろの構造をチェック！

主語、目的語または前置詞の目的語が欠落
　　　　　　→ 空所には**what、which、who**

主語、目的語または前置詞の目的語の欠落なし
　　　　　　→ 空所には**when、where、why、how**

疑問詞は本来、文中のどこかにあった言葉が置き換わったもの。**空所の後ろで主語、目的語、前置詞の目的語のどれが欠落しているかを見極めて**、選ぶべき疑問詞を判断しましょう。

4 さまざまな文❷

EXERCISE 37 (解答はP. 235)

正しい英文になるよう、( )内の適切な疑問詞を選んでください。

1. (Why / What) are the customers talking about?
2. (How / Who) will you help the project?
3. (How / Which) is good for you, Monday or Tuesday?
4. We would like to inform you (where / what) you can find the CD.
5. The chairman will announce (when / who) he chose as his successor.

3 その他の文

ここで、その他のさまざまな文を確認しておきましょう。

キホン

1. 命令文
命令文は動詞の原形から始めます。命令文の否定文は「禁止」を表し、一般動詞、be動詞に関わらずDon'tを使います。

(1) 一般動詞の命令文

You stand up. → **Stand** up. / **Don't stand** up.
（あなたは立ち上がる）　（立ちなさい／立ってはいけない）

(2) be動詞の命令文

You are quiet. → **Be** quiet. / **Don't be** noisy.
（あなたは静かだ）　（静かにしなさい／騒いではいけない）

※命令文を丁寧にしたいときには前にPleaseを付けます。
Please be quiet. 　　Please don't stand up.
（静かにしてください）　（立たないでください）

2. 感嘆文
驚きを表す感嘆文にはHowで始まるものとWhatで始まるものがあります。Howは形容詞・副詞と、Whatは名詞とセットになります。

(1) How + 形容詞・副詞 + (主語 + 動詞)！

The show was very good.（ショーはとても良かった）
How good (the show was)!（ショーは何と良かったのだろう！）

(2) What + 名詞 + (主語 + 動詞)！

"Fit" was a very good show.
（『フィット』はとても良いショーだった）

What a good show "Fit" was!
（『フィット』は何と良いショーだったのだろう！）

※感嘆文にveryは不要です。また、感嘆文では主語と動詞はよく省略されます。

3. 付加疑問文

相づちを求めたり、念を押したりするときに用いる疑問文で、文の最後に付けます。下記のように、前の文の主語を代名詞にして、動詞は肯定・否定を反対にして作ります。

(1) 肯定文には否定の疑問文が付く

　　We are lucky, **aren't we**?（私たちってついてますよね）
　　The plan succeeded, **didn't it**?（計画は成功でしたよね）

(2) 否定文には肯定の疑問文が付く

　　I can't take photos here, **can I**?
　　（私はここで写真を撮れないですよね）

　　The speech hasn't started, **has it**?
　　（スピーチは始まっていないですよね）

EXERCISE 38 （解答はP.236）

次の命令文を英語で書いてください。

1. ゆっくり話してください。　　ヒント→「話す」speak
2. 遅れないで。　　　　　　　　ヒント→「遅れた（状態）」late

EXERCISE 39 （解答はP.236）

次の文を感嘆文にしてください。

1. You are a very nice person.
2. The question was very tough.

EXERCISE 40 （解答はP.236）

次の文の後ろに続く付加疑問文を作ってください。

1. You have not been to London, ………………?
2. John turned off the light, ……………?

次に、すでに今までの例文にも登場していたItの特殊構文と、There is / are 構文を確認しておきましょう。

ItとThereの構文

1. 後ろのものを指すItの構文

代名詞 it には、前に話題に出た単数の名詞を指す働き以外に、**後ろの内容**（下記の□で囲まれた部分）**を指す働きもあります**（この it は形式主語と呼ばれます）。

(1) 後ろの「to + 動詞」を指す

It is difficult to succeed in business.
（事業に成功するのは難しい）

(2) 後ろの「that以下の文」を指す

It is said that Bill will quit. （ビルは辞めると言われている）

(3) 後ろの「疑問詞で始まる文」を指す

It is a mystery why Bill will quit. （なぜビルが辞めるかは謎だ）

2. There is / are 構文

「…がある（ない）」と名詞の存在の有無を述べる文です。便宜上Thereを主語のように扱って文を作りますが、**意味的な主語はbe動詞の後ろの名詞**です。名詞の数によってbe動詞の形が変わります。

(1) 肯定文

There was a book in the box. （箱の中には1冊の本があった）
There were some books in the box.
（箱の中には何冊かの本があった）

(2) 否定文と疑問文

There weren't any books in the box.
（箱の中には1冊の本もなかった）

Were there any books in the box?
（箱の中に何冊か本があったか？）

How many books **were there** in the box?
（箱の中に何冊の本があったか？）

EXERCISE 41 (解答はP. 236)

次の文を日本語に訳してください。

1. It is important that you display the products yourself.

2. There are some people at the bus stop.

TOEICではこう出る！

------- is well known that the company has made great contributions to its community through the years.

(A) That
(B) How
(C) There
(D) It

まず、すぐに除外できる選択肢を探します。空所の後ろを見ると、この文の主語となるべき名詞が欠落していることが分かり、(B) How は外れます（→技12 P. 93）。(C) の There is の次には名詞が必要ですが、well knownは名詞ではないので除外。(A) That と (D) It が残りますが、後ろの that 以下を指すことができるのは It だけなので(D)が正解となります。

正解：(D)

訳 その会社が長年にわたって地域に多大な貢献をしてきたことはよく知られている。

技13

後ろの内容を指せるのはItだけ

------- + is ～ to + 動詞　→ ~~It~~, ~~That~~, ~~There~~、疑問詞

It is nice to **live** in the country.
（田舎に住むのは良い）

------- + is ～ that + 主語 + 動詞　→ ~~It~~, ~~That~~, ~~There~~、疑問詞

It is unbelievable **that you did** the job yourself.
（あなたが自分でその仕事をやったとは信じられない）

------- + is ～ 疑問詞 + 主語 + 動詞　→ ~~It~~, ~~That~~, ~~There~~、疑問詞

It is unknown **when the old house was built**.
（いつその古い家が建てられたのかは知られていない）

------- + is + 名詞　→ ~~It~~, ~~That~~, There

※ただし、be動詞の後ろに「to + 動詞」の形も、「that + 主語 + 動詞」の形もないときのみ。

There is a **bookstore** in our neighborhood.
（私たちの家の近所に書店がある）

EXERCISE 42 （解答はP. 236）

正しい英文になるよう、（　）内の適切な単語を選んでください。

1. (It / There / That) are two books on the table.
2. (It / There / That) is sad that Jill will leave the company.

実践問題　さまざまな文

1. Because the research budget is so small, the real cause of the disease will never be ------- explained.
(A) hardly
(B) fully
(C) little
(D) none

2. The record shows ------- many times the program was downloaded.
(A) what
(B) when
(C) how
(D) which

3. ------- was no sign of economic recovery because of the political instability at that time.
(A) It
(B) Where
(C) There
(D) That

4. Unless the general public and the scientific community respect our research, ------- will be difficult for us to get government support.
(A) there
(B) what
(C) this
(D) it

5. There was a time when there was no dial on the phones and the caller just told the operator ------- number he or she wanted.
(A) why
(B) what
(C) who
(D) how

6. ------- has been a difference of opinion among the directors on the issue of the merger.
(A) There
(B) Which
(C) They
(D) How

7. Doctor Walensky's theory may not ------- apply to all the cases imaginable, but its usefulness is undeniable.
(A) eventually
(B) rarely
(C) recently
(D) seldom

8. Mr. Robinson was impressed by the sales strategy and eager to find out ------- idea it was.
(A) how
(B) whether
(C) who
(D) whose

9. Keen fans of the TV game series could ------- wait for the new game to be released.
(A) not
(B) yet
(C) no
(D) any

10. ------- took 70 minutes to finish the report.
(A) It
(B) This
(C) That
(D) What

実践問題　さまざまな文　解答と解説

1. (B) fully
解説 空所の前にnever(決してない)という否定語があるので、否定の意味を持つ(A) hardly、(C) little、(D) none はすべて不適切となり、(B) fully だけが残ります。

☛ 技11 P. 88

訳 研究予算がとても少ないので、その病気の本当の原因は決して完全には解明されないだろう。

(A) ほとんど…ない　(B) 完全に　(C) ほとんどない　(D) 何・誰も…ない

2. (C) how
解説 疑問詞が選択肢に並んでいるので空所の後ろの構造を見ましょう。空所直後にmany timesという語句があるので、それと組み合わせて使える唯一の疑問詞として (C) how が選べます。how many times で「どんなに多い回数」→「何回」となります。

☛ P. 90

訳 記録はそのプログラムが何回ダウンロードされたかということを示している。

3. (C) There
解説 空所の後ろは be動詞 + no sign(兆候ゼロ)という名詞で、「that +主語+動詞」でも、「to + 動詞」でもないので、正解は (A) It ではなく、(C) There です。TOEICでは文中に指すものがない it、that が答えになることはありません。(B) Where で直接疑問文の可能性を考えたとしても、文末に「?」がないので不可。ちなみにTOEICのPart 5、6では直接疑問文が問題文になることはありません。また、間接疑問文の可能性を考えても、whereは名詞の代わりをする疑問詞ではないので、やはり除外できます。

☛ 技13 P. 99

訳 当時の政情不安のせいで、経済回復の兆候はなかった。

4. (D) it

解説 空所の後ろは、------ will be difficult for us（私たちにとって難しい）で、be動詞の後は名詞ではないので (A) there は外れます。後ろにある to get government support（政府の援助を得ること）を指すことができるのは (D) it だけです。ちなみに unless は「もし…でなければ」という否定の意味を持つ接続詞(→P. 150)です。 👉 技13 P. 99

訳 一般大衆と科学関係者たちがわれわれの研究を尊重しなければ、政府の援助を得るのは難しいだろう。

5. (B) what

解説 空所の後の構造をチェックすると、------ number he or she wanted（…な番号を彼または彼女が望んだか）となっています。直後の名詞numberとセットで使えるのはwhat number（どんな番号）となる (B) what だけです。why、who、howはいずれも名詞とセットにできません。 👉 P. 90

訳 電話にダイヤルがなく、電話をかける人が交換手にどんな番号にかけたいかを言うだけの時代があった。

6. (A) There

解説 空所の後は ------ has been a differenceで、difference（相違）という名詞があるので、(A) There が正解です。(B) Which でこの文を直接疑問文と考えても、最後に「？」がないので不可。間接疑問文ならWhich has 〜 the merger までが主語になりますが、それを受ける動詞が後ろにないので、英文としてあり得ない構造になってしまいます。has は単数主語と組み合わせる助動詞なので、(C) They は瞬時に除外できます。(D) How は主語の位置に置くことができないのでやはり除外できます。 👉 技13 P. 99

訳 合併問題について重役の間では意見の相違がある。

7. (A) eventually

解説 may not ------ apply（当てはまらないかもしれない）と、**空所の前にnotがあるので、否定語の (B) rarely、(D) seldom はすぐ除外します。**(C) recently は通常、現在完了か過去形と一緒に用いられる副詞で、意味も成り立たないので不可。結果として (A) eventually が残ります。この問題の選択肢の単語はTOEICに頻出するので、意味も覚えましょう。 ☞技11 P. 88

訳 ワレンスキー博士の理論が、考え得るすべての事例に当てはまることは最終的にはないかもしれないが、その有益性は否定できない。

(A) 最終的に　(B) めったに…ない　(C) 最近　(D) めったに…ない

8. (D) whose

解説 空所の後は ------ idea it wasとなっており、**選択肢に疑問詞だけが並んでいることから、空所以降は間接疑問文と分かります。**空所直後の名詞ideaとセットになれるのは、この選択肢の中では (D) whose だけで、whose idea（誰のアイデア）となります。ちなみに sales strategy（販売戦略）、eager to do（しきりに…したがる）は TOEIC頻出語句です。 ☞P. 90

訳 ロビンソン氏はその販売戦略に感銘を受け、それが誰のアイデアなのかをとても知りたがった。

9. (A) not

解説 これは、could ------ wait の**空所に1つずつ選択肢を入れてみて、しっくり来るものを選ぶという問題です。**(B) yet は前に否定語の not が来るのが原則です。(C) no は数量形容詞で次には名詞が来るはずですが、空所の直後が wait という動詞なので不可。(D) any も動詞を修飾する位置に来ることはありません。文として成立するのは (A) not だけです。 ☞P. 85

訳 そのテレビゲームシリーズの熱心なファンは、新作の発売を待ちきれなかった。

(A) でない　(B) まだ　(C) ゼロの　(D) いくらか

10. (A) It

解説 文末の to finish the report（そのリポートを仕上げること）を指すことができるのは (A) It です。ちなみに、**it takes + 時間で「何分（秒・時間）かかった」という所要時間を表す表現になります。** ☞技13 P. 99

訳 そのリポートを仕上げるのに70分かかった。

5 準動詞

「不定詞」、「動名詞」、「分詞」は動詞の親せきのようなもので、「動詞に準ずるもの」という意味で「準動詞」という呼び名が付いています。
準動詞の働きと意味を押さえて、より広範囲の問題に対処していきましょう。

この章を始める前に思い出そう！
30秒 文法用語チェック

不定詞…**to do**(…すること、…するべきの、…するために)
　　　　名詞、形容詞、副詞の働きをする
動名詞…**doing**(…すること)
　　　　名詞の働きをする
分詞……現在分詞　**doing**(…している)
　　　　過去分詞　**done**(…された)
　　　　形容詞の働きをする・動詞の一部分になる

ウォーミングアップ！

この章で使われる語句を押さえましょう。1～16の語句の意味をa～pから選んでください。

1. omit　　　　　　（ ）　　a. 交通機関
2. plant　　　　　　（ ）　　b. 聴衆
3. hear from　　　　（ ）　　c. 植物、工場
4. be proud of　　　（ ）　　d. 卒業生
5. invite　　　　　　（ ）　　e. 責任
6. patient　　　　　（ ）　　f. 増やす
7. temperature　　（ ）　　g. 省く
8. be pleased　　　（ ）　　h. …を誇りに思う
9. audience　　　　（ ）　　i. 経験
10. increase　　　　（ ）　　j. …から便りがある
11. earning　　　　　（ ）　　k. 患者
12. general-purpose（ ）　　l. 招待する
13. graduate　　　　（ ）　　m. 喜んでいる
14. experience　　　（ ）　　n. 温度
15. transportation　（ ）　　o. 用途の広い
16. responsibility　（ ）　　p. 稼ぎ、収入

解答

1. g　2. c　3. j　4. h　5. l　6. k　7. n　8. m
9. b　10. f　11. p　12. o　13. d　14. i　15. a　16. e

※これらの単語はダウンロード音声で聞くことができます（P. 230）。

1 不定詞と動名詞

不定詞には主に4つの意味と働きがあります。ここではそれを押さえましょう。

キホン

不定詞

1. 不定詞の形：to ＋ 動詞の原形（例：to do、to speak など）

2. 不定詞の意味と働き

不定詞には下の4つの意味があります。また、例文を見て分かるように、不定詞は**動詞と同じく直後に目的語（名詞）を続けることができます。**

(1)「…すること」：主語や目的語になる（名詞の働き）

　To study English is important.（英語を**勉強すること**は重要だ）
　We want **to see** the place.（その場所を見たい＝**見ること**が欲しい）
　ただしto doを主語として使う場合は、以下のように形式主語 it を用いる方が一般的です。（→ P. 97）

　It is important **to study** English.

(2)「…するべき（ため）の」：直前の名詞・代名詞を修飾（形容詞の働き）

　Here is a book **to read**.（ここに**読むための**本がある）
　Please give us something **to drink**.
　（何か飲み物をください＝**飲むための**何かをください）

(3)「…するために」：目的を表す（副詞の働き）

　We studied **to pass** the test.（試験に**合格するために**勉強した）

(4)「…して」：原因を表す（副詞の働き）

　We are sorry **to hear** the news.
　（そのニュースを**聞いて**残念に思います）

EXERCISE 43 (解答はP. 236)

下の文の意味を日本語で言ってみましょう。

1. The lecturer started to talk.
2. The customer was happy to get a discount.
3. There is nothing to see here.

動名詞も動詞の親せきです。不定詞が4つの働きをするのに対して、動名詞の役割は1つだけ。「動詞の性質を持つ名詞」と考えましょう。

キホン

動名詞

1. 動名詞の形：動詞の原形 -ing （例：doing、speakingなど）

2. 動名詞の意味と働き

意味は「…すること」しかありません。
名詞と同様、主語、動詞・前置詞の目的語になります。また、**不定詞同様、直後に目的語として名詞を続けることができます。**

（1）主語

Ordering books is my responsibility.
（本を**発注すること**は私の責任だ）

※ booksは動名詞ordering（発注する）の目的語。主語は「発注（という動作を）している本」ではなく、「本を発注すること」という意味のorderingになります。そのため続く動詞が単数のisになっています。

（2）目的語

They suggested **raising** the price.
（彼らは価格を**上げること**を提案した）

（3）前置詞の目的語

Thank you for **inviting** me.
（私を招待してくれてありがとう＝**招待してくれたこと**に感謝する）

EXERCISE 44 (解答はP. 236)

次の下線部が正しいかどうか判断してください。

1. Jack's suggestion is <u>listen</u> to customers.
2. <u>Discussion</u> sales plans is important.
3. We started <u>promoting</u> the new car.

不定詞も動名詞も動詞の後ろに置くことができるので、TOEICではその使い分けが問われます。どの動詞の後ろに置くかで意味が変わってしまうこともあるので注意しましょう。

不定詞と動名詞の使い分け

1. 不定詞・動名詞のどちらも続くことができる動詞

start(始める)、**begin**(始める)、**like**(好む)

Jay **started** (talking / to talk). (ジェイは話し始めた)
Luis **likes** (playing / to play) tennis.
(ルイスはテニスをするのが好きだ)

2. どちらが続くかによって、文の意味が変わる動詞

stop(止める、立ち止まる)、**remember**(覚えている)、**forget**(忘れる)

Jay **stopped** talking. (ジェイは**話すことを止めた**)
Jay **stopped** to talk. (ジェイは**話すために立ち止まった**)

※talkingは「話すこと」という動名詞でstopの目的語になりますが、stopの後の to talkは「話すために」という副詞の意味でしか使いません。

Jay (**remembered** / **forgot**) calling me.
(ジェイは私に**電話したこと**を[覚えて／忘れて]いた)
Jay (**remembered** / **forgot**) to call me.
(ジェイは私に**電話すること**を[覚えて／忘れて]いた)

※動名詞は「すでにしたこと」、不定詞は「これからすること」(未遂の行為)

3. 動名詞しか続かない動詞

enjoy（楽しむ）、**finish**（終える）、**keep**（続ける）、**consider**（考慮する）、**suggest**（提案する）

Jay is **considering** moving.（ジェイは引っ越すことを考えている）
We **enjoyed** chatting.（私たちはおしゃべりを楽しんだ）

4. 不定詞しか続かない動詞

decide（決定する）、**expect**（予期する）、**agree**（同意する）、**appear**（〜に見える）

The management **has decided** to buy the land.
（経営陣はその土地を購入することを決定した）
Jay **appears** to know the case.
（ジェイはその件を知っているようだ）

5. 前置詞の目的語になるのは動名詞のみ

about（について）、**by**（によって）など、すべての前置詞（→P. 145）の後には、不定詞ではなく動名詞が続きます。

Jay talked **about** moving.（ジェイは引っ越すことについて話した）
We doubled the sales **by** advertising a lot.
（われわれはたくさん宣伝することで売り上げを倍にした）

TOEICではこう出る!

Mr. Kerner told reporters that the German automaker was considering ------- a new auto plant in China.

(A) build
(B) to build
(C) built
(D) building

選択肢に動詞のさまざまな形が並んでいます。直前にwas considering（考慮中だった）という動詞があるので、空所にはその目的語（名詞）が必要だと分かり、述語部分の動詞となり得る(A)は外れます。consider の後に来て「建てること」という意味になるのは、不定詞ではなく動名詞の(D)です。

正解：(D)

訳 ケルナー氏は、そのドイツの自動車メーカーが中国に新しい自動車工場を建設することを検討中だと記者に語った。

技 14

不定詞・動名詞の間違えやすいポイント

不定詞、動名詞は使い方を暗記していなければ間違えてしまうこともある、紛らわしい単語です。間違えやすいポイントを2点上げました。

1.「不定詞が続く」と錯覚を起こしやすいイディオム

look forward to -ing 「…することを楽しみにする」
We are **looking forward** to (hearing ○ / hear ✗) from you.
（あなたからの便りを楽しみにしている）

2.「動名詞」と「名詞」の使い分け

We are sorry for <u>omitting</u> the page. ○
（ページを省いてすみません）
We are sorry for <u>omission</u> the page. ✗

動名詞omittingであれば、後ろの名詞the pageを目的語として「ページを省くこと」という意味が成立します。しかし名詞omissionでは単に名詞が2つ並んで「省略ページ」という意味になり、omissionの後に前置詞 of でも入らない限り、意味を成しません。これは品詞問題で、動名詞と名詞が正解候補にある場合の重要な判別ポイントになります。

EXERCISE 45 (解答はP. 236)

次の動詞に続く適切な形を（　）内から選びましょう。

1. agree　　　　　　(to do / doing / to doing)
2. enjoy　　　　　　(to do / doing / to doing)
3. consider　　　　(to do / doing / to doing)
4. appear　　　　　(to do / doing / to doing)
5. look forward　　(to do / doing / to doing)

要メモ！

意味上の主語

不定詞・動名詞が表す動作をする人（物）が、文の主語ではない場合があります。その際、その動作を実際にした人（物）が不定詞・動名詞の直前に置かれます。この名詞（代名詞）を**意味上の主語**といいます。

1. 不定詞の意味上の主語
→不定詞の前に目的格で入れる

　I want **you** **to buy** a car.
　（私はあなたに車を買ってほしい → **買うのはあなた**）

→「for + 目的格」を不定詞の前に入れる

　It is important **for him** **to work** hard.
　（彼が一生懸命働くことは大切だ → **働くのは彼**）

　※ただし、意味上の主語が一般的な人のときには省略されます。
　It is important (**for people**) **to work** hard.

2. 動名詞の意味上の主語
→動名詞の前に所有格で入れる（目的格で代用も可能）

　We are proud of **you(r)** **winning** the race.
　（あなたがレースに勝ったことを誇りに思う → **勝ったのはあなた**）

2 分詞

分詞は動詞の変化した形で、**修飾語として働きます**。実はここまででも進行形(-ing)や完了形(過去分詞)で分詞は登場していましたが、ここでは主に**形容詞の働きをする分詞**の役割を学びましょう。

キホン

分詞には**現在分詞**と**過去分詞**があります。

1. 分詞の種類と意味

種類	形	意味	
現在分詞	-ing	能動、進行	「…する、…している」
過去分詞	-edなど	受け身、完了	「…される、…してしまった」

2. 分詞の働き

分詞は形容詞と同じ機能を持ち、名詞を修飾したり、補語になったりします。

名詞を修飾：We met a **working** woman.
（私たちは**働く**女性に会った）

補語：We are **excited**. （私たちは**興奮している**）

3. 分詞の名詞修飾ルール

(1) 1語だけのときは名詞を前から修飾

the **working** woman（**働く**女性）

(2) ほかの言葉とひとかたまりのときは名詞を後ろから修飾

the woman **working** over there（向こうで作業している女性）

2語以上で修飾するときは不定詞、動名詞と同じように後ろに目的語を続けることができます。

the woman **washing** dishes（お皿を洗っている女性）

EXERCISE 46 (解答はP. 236)

次の語句の分詞に○を付け、意味を考えましょう。
1. boiling water
2. the man standing by the wall
3. a closed door
4. a photo taken by Sara

次に、現在分詞と過去分詞の使い分けの考え方を押さえておきましょう。

キホン

現在分詞と過去分詞の使い分け

1. 分詞が名詞を修飾しているとき
修飾されている**名詞**と**分詞**の関係が能動か受け身(受動)かを考えます。
(1)現在分詞:「…する」という能動の意味
　　We help a working woman.　　「女性は働く」(能動)
　　(私たちは働く女性を支援する)
　　We know the man pushing the cart.　「男性は押す」(能動)
　　(私たちはカートを押している男性を知っている)

(2)過去分詞:「…される」という受け身の意味
　　We often buy used goods.　　「品物は使われる」(受け身)
　　(私たちはよく中古品を買う)
　　We read a book written in English.　「本は書かれる」(受け身)
　　(私たちは英語で書かれた本を読んだ)

2. 分詞が補語になっているとき
文の主語と**分詞**の関係が能動か受け身かを考えます。
　　This book is interesting.　　「本が興味を持たせる」(能動)
　　(この本は興味深い)
　　I am interested in this book.　「私が興味を持たされる」(受け身)
　　(私はこの本に興味がある)

EXERCISE 47 （解答はP. 236）

次の文の中で分詞が修飾する名詞に○を付け、その名詞と分詞の関係を言ってみましょう。

例：We buy used (goods)　　「品物は／使われる」

1. We need the printed information.
2. The man driving the car is our guide.

分詞構文の形

要メモ！

TOEICでは次のように分詞から始まる文（分詞構文といいます）が出題されることがあります。文頭の分詞は、**その後の文の主語との関係**で現在分詞か過去分詞かが決まります。すなわち分詞構文では、文の主語が分詞の意味上の主語になるということです。

Written in Spanish, the **book** is easy.
（スペイン語で書かれているが、この本は簡単だ）

→bookが主語、「本は書かれる」で受け身の過去分詞

Reading the book, **Ben** started writing his own story.
（その本を読んで、ベンは自分の物語を書き始めた）

→Benが主語、「ベンが本を読む」で能動の現在分詞

※TOEICでは分詞構文の意味をきちんと考えなくてもOKです。**文頭の分詞と主語の関係だけをチェック**しましょう。

TOEICではこう出る！

Our president attended a charity party ------- by the American Philanthropy Society in Los Angeles.

(A) hold
(B) holds
(C) holding
(D) held

選択肢に動詞のいろいろな形が並んでいるので、まず空所に述語となる動詞が入るかどうかチェックします。前に動詞 attended（出席した）があるので、動詞の (A) hold、(B) holds は入りません。従って、直前の名詞partyを修飾する分詞として (C) holding、(D) held のうちのどちらかが入ることになりますが、**能動か受け身かを考えると、「パーティーは催される」という受け身が適切**なので、過去分詞の(D)が正解です。

正解：(D)

訳 わが社の社長はアメリカ慈善協会が主催したロサンゼルスでのチャリティーパーティーに出席した。

技 15

能動か受け身かで分詞を選ぶ

1. 現在分詞＝能動！　過去分詞＝受け身！

We saw a (breaking / broken) door.
（私たちは壊れたドアを見た）

→「ドアは／壊される」（受け身）

2. 文頭の分詞は、その後に出てくる主語との関係を考える！

(Arranging / Arranged) in a circle, the **chairs** seem cozy.
（いすは丸く並べられていて心地よさそうだ）

→「いすは／並べられる」（受け身）

3. 下記の動詞は直訳すれば、能動・受け身の判別に迷わない！

please（喜ばせる）、**excite**（興奮させる）、**surprise**（驚かせる）、
locate（位置させる）、**interest**（興味を持たせる）

an (~~excited~~ / exciting) story　（面白い話）
→「話が／興奮させる」(能動)

a shop (located / ~~locating~~) in N.Y.　（ニューヨークにある店）
→「店が／位置させられる」(受け身)

EXERCISE 48 （解答はP. 236）

正しい英文になるよう、(　)内の適切な単語を選んでください。

1. We read a memo (sent / send) by Mr. Oaks.
2. We were (pleasing / pleased) to hear the news.
3. (Locating / Located) by the beach, the hotel is popular.

実践問題　準動詞

1. ------- in the 1920's in neoclassical style, this guest house is comprised of two floors with 10 rooms.
(A) Build
(B) To build
(C) Building
(D) Built

2. The patient's temperature went up again after he forgot ------- the medicine prescribed by the doctor.
(A) to take
(B) taking
(C) took
(D) take

3. Guests were pleased with the freshly cleaned and renovated hotel ------- near the airport.
(A) location
(B) locate
(C) located
(D) locating

4. The audience became so ------- by the game that they came down to the front one after another.
(A) excite
(B) exciting
(C) excited
(D) excitement

5. In addition to considering ------- costs, the management also should pay more attention to thinking about how to increase earnings.
(A) to reduce
(B) reducing
(C) reduction
(D) reduce

6. The computing software ------- by the Systems & Computing Institute for general-purpose use is listed below.
   (A) recommend
   (B) recommends
   (C) recommended
   (D) recommending

7. The study shows that university graduates appear ------- in their first jobs a bit longer than high school graduates do.
   (A) to stay
   (B) staying
   (C) stayed
   (D) stay

8. A natural extract from the plant has been used in Asia to treat respiratory diseases for over 10 years with ------- results.
   (A) surprise
   (B) surprising
   (C) surprised
   (D) to surprise

9. Paramount Glass has released a report ------- that local businesses help each other in order to improve the local economy.
   (A) suggestions
   (B) suggesting
   (C) suggested
   (D) suggest

10. Public transportation, essential services and government offices kept ------- during the large scale strike.
    (A) to operate
    (B) operate
    (C) operated
    (D) operating

実践問題　準動詞　解答と解説

1. (D) Built
解説 buildは「〜を建てる」という意味なので、能動態の形なら直後に「〜を」に当たる目的語となる名詞があるはず。この文では空所の直後は in という前置詞で、目的語が続いていないので、受動態の形と判断します(受動態は、目的語が主語になった文→P. 57)。従って、受け身を表す (D) Built が正解です。文の主語であるguest houseから考えても、「ゲストハウスは建てられる」という受け身の関係になり、意味も適切です。 ☞ 技15 P. 116

訳 このゲストハウスは1920年代にネオクラシカルスタイルで建築され、2階建て、10室で構成されている。

2. (A) to take
解説 空所の前にhe forgot(彼は忘れた)という主語＋動詞があるので、動詞の (C) took、(D) take は除外します。ここで残った不定詞 (A) to take と、動名詞 (B) taking の判別が必要となります。患者が薬を飲んだか、飲んでいないかと考えると、「飲んでいないから熱が上がった」はずなので、「飲むことを忘れた」という未遂の行為を表す不定詞(A)が正解。forgot takingは「飲んだことを忘れた」という意味で、この文の内容にはふさわしくありません。 ☞ P. 109

訳 患者は医師に処方された薬を飲み忘れ、再び熱が上がった。

3. (C) located
解説 空所の前後、cleaned and renovated hotel ------ near だけ見れば解けます。cleaned(清掃された)とrenovated(改装された)が hotel を前から修飾し、空所には hotel を後ろから修飾する分詞が入ります。修飾される名詞hotelから考えると「ホテルは位置させられる」という受け身が適切なので、過去分詞 (C) located が正解です。 ☞ 技15 P. 117

訳 客たちは、最近清掃と改装がされた空港近くのホテルに喜んだ。

4. (C) excited
解説 空所の前後が The audience became so ------ by となっているので、空所には補語となる形容詞の代わりをする分詞 (B) exciting か、(C) excited が候補となります。動詞 excite の意味は「興奮させる」ですから、audience（観衆）が試合によって「興奮させられている」という状態が適切なので受け身の(C)が正解となります。
👉 技15 P. 117

訳 観衆は試合に興奮するあまり、次々と前方に降りてきた。

5. (B) reducing
解説 空所の前後は In addition to considering ------ costs, となっているので、consider の目的語になれない不定詞の (A) to reduce、原形の (D) reduce は除外します。名詞 (C) reduction では、直後に名詞の costs は続けることができないので、costsを目的語として続けられる動名詞の (B) reducingが正解です。👉 P. 110

訳 費用削減の検討に加え、経営陣はいかに収益を増加させるかを考えることにも留意すべきだ。

6. (C) recommended
解説 2行目に is という動詞があるので、空所には動詞の (A) recommend と (B) recommends は入りません。空所には後ろから software を修飾する分詞が必要なので、(C) recommended、(D) recommending が残ります。修飾される名詞 software から考えると「ソフトウエアは推薦される」という受け身が適切なので、(C)が正解です。👉 技15 P. 116

訳 システム＆コンピューティング研究所が汎用に推薦するソフトは、以下にリストアップされている。

7. (A) to stay
解説 空所の前後はgraduates appear ------ inとなっており、appear（見える）という動詞の後に続く形を考えます。appear to do で「…するように見える」という表現になるので、(A)が正解です。👉 P. 110

訳 その研究は、大卒者が高卒者に比べて、最初の就職先に少し長くとどまるらしいということを示している。

8. (B) surprising

解説 空所の前後は with ------ results となっているので、空所には results（結果）を修飾する形容詞の働きをする言葉が必要です。従って現在分詞 (B) surprising か、過去分詞 (C) surprised が残ります。**修飾されている名詞 results から考えると「結果が驚かせている」**となる能動の関係が適切なので、(B)が正解です。　☞ 技15 P.117

訳 その植物からの天然の抽出物は、呼吸器系の疾患を治療するためにアジアで10年以上用いられ、驚くべき成果を挙げている。

9. (B) suggesting

解説 この文には動詞 has released があるので、空所に動詞 (D) suggest が入ることはありません。(A) suggestions を入れると a report suggestions となり、複数形の前に a が付くことになってしまいます。現在分詞 (B) suggesting と過去分詞としての (C) suggested が残りますが、**直後に目的語となるthat以下を続けることができる**のは、「〜を提案している」という**能動の意味**の(B)です。　☞ P.113

訳 パラマウントガラスは、地域経済活性化のため地元企業が互いに助け合うべきだと提案する報告書を発表した。

10. (D) operating

解説 空所の前後は offices kept ------ during となっています。**kept（し続けた）の後に続く適切な動詞の形は動名詞**なので、(D) operating が正解です。　☞ P.110

訳 公共交通機関、必須サービスと政府機関は、大規模ストの間も操業を続けた。

6 比較

形容詞と副詞の程度を比べる表現を比較表現といい、3つの形があります。
TOEICではこの3つの形の判別が問われますが、この章で比較表現の作り方を押さえておけば容易に対処できるポイントです。

この章を始める前に思い出そう!
30秒 文法用語チェック！

比較級……2者を比べて差があることを表す表現
　　　　例）Tom is taller than Ben.
　　　　　　（トムはベンより背が高い）

最上級……3者以上の中で1番であることを表す表現
　　　　例）Tom is the tallest of the three.
　　　　　　（トムは3人の中で最も背が高い）

同等比較…程度が同じということを表す表現
　　　　例）Tom is as tall as you.
　　　　　　（トムはあなたと同じぐらい背が高い）

ウォーミングアップ！

この章で使われる語句を押さえましょう。1～16の語句の意味をa～pから選んでください。

1. act   (　)   a. 解決する
2. indication   (　)   b. 経済
3. solve   (　)   c. 迅速に
4. found   (　)   d. 熱心に、情熱的に
5. rapidly   (　)   e. 携帯電話
6. familiar with (　)   f. 部署
7. economy   (　)   g. 単独で
8. enthusiastically (　) h. 行動する
9. fluent   (　)   i. 広告
10. cell phone   (　)   j. 設立する
11. department   (　)   k. 頻繁に
12. alone   (　)   l. 消費者
13. frequently   (　)   m. 流ちょうな
14. consumer   (　)   n. 劇的に
15. advertising (　)   o. …になじみがある
16. dramatically (　)   p. 指標、指示

解答
1. h 2. p 3. a 4. j 5. c 6. o 7. b 8. d
9. m 10. e 11. f 12. g 13. k 14. l 15. i 16. n

※これらの単語はダウンロード音声で聞くことができます（P. 230）。

1 3つの級と比較級の表現

形容詞と副詞には、程度を比較する表現として、3つの形(級と呼びます)があります。これらはTOEICでは速攻処理できる項目です。まず、それぞれの級での形の変化を押さえましょう。

キホン

1. 形容詞・副詞の3つの級の例(規則変化)

	原級	比較級	最上級
短い単語	fast 形 副(速い・速く)	faster (より速い・速く)	(the) fastest (最も速い・速く)
長い単語	difficult 形(難しい)	more difficult (より難しい)	the most difficult (最も難しい)
	widely 副(広く)	more widely (より広く)	(the) most widely (最も広く)

(1) **原級** ：形容詞・副詞の普通の形のことです。
(2) **比較級**：短い単語であれば、語尾に **-er** を付け、長い単語や **-ly** で終わる副詞は、前にmoreを置いて作ります。
(3) **最上級**：前には **the** を付けます(副詞の場合は省略が普通)。短い単語であれば、語尾に **-est** を付け、長い単語や **-ly** で終わる副詞は、前にmostを置いて作ります。

比較級・最上級の変化には、不規則なものもあります。

2. 形容詞・副詞の3つの級の例(不規則変化)

原級	比較級	最上級
good 形(良い)	better	the best
well 副(うまく)	better	(the) best
bad 形(悪い)	worse	the worst
many 形(多くの)	more	the most
much 形 副(たくさん)	more	(the) most
little 形 副(ほとんどない)	less	(the) least

6 比較 ①

2つ(人)の物(人)を比べて、差があることを表すときに比較級を使います。ここでは、比較級の文の作り方を覚えましょう。

キホン

比較級の文

1. 比較級の文の形：形容詞・副詞の比較級 ＋ than ＋ 比べる対象

This car is **smaller than** ours.（この車は私たちのものより小さい）
This car runs **more smoothly than** ours.
（この車は私たちのものよりスムーズに走る）

※ ours ＝ our car

2. 比較級の文の作り方
上の2つの例文の作り方を見てみましょう。
STEP 1：文の骨格をイメージしてみる

This car is small.（この車は小さい）
This car runs smoothly.（この車はスムーズに走る）

STEP 2：形容詞・副詞を比較級にする

This car is small**er**.
This car runs **more** smoothly.

STEP 3：than ＋ 比べる対象を後ろに置く

This car is small**er than ours (is)**.
This car runs **more** smoothly **than ours (does)**.

※「比べる対象」の後のbe動詞やdo(does)は、意味に誤解が生じない限りはよく省略されます。

EXERCISE 49 （解答はP. 236）

次の文を（　）の中の日本語に合う比較級の文にしてみましょう。

1. That company is big. （あの会社はこの会社より大きい）
2. Tom understands the process well. （トムはジョンより工程をよく理解している）
3. Tom made a long speech. （トムはジョンより長いスピーチをした）

比較級には、ほかの級にはない独特の表現があります。ここでは、その中でも特に重要な表現の意味と用法をチェックしていきましょう。

> キホン

比較級の重要表現

1. 比較級を修飾する語句
比較の程度の差を強調するには **far**（かなり）、**much**（かなり）、**by far**（かなり）、**even**（なお、いっそう）を用い、**very** は用いません。

　Tom is (far / much / by far / even / ~~very~~) younger than John.
　（トムはジョンよりかなり[いっそう]年下だ）

具体的な差は、次の2つの形で表せます。

　Tom is younger than John **by nine years**.
　Tom is **nine years younger** than John.
　（トムはジョンより9歳若い）

2. 「より少ない…」「より少なく…」を表す表現
形容詞・副詞の単語の長さに関わりなく、すべて「**less ＋ 原級**」の形で程度が少ないことを表します。

　We made the coffee **less hot**.　○
　We made the coffee **less hotter**.　×
　（私たちはコーヒーをぬるくした）

3. 否定比較構文
否定語と組み合わせると、最上級の意味になります。

　Nobody is more intelligent than you in this department.
　（この部署であなたより知的な人はいない＝あなたが最も知的だ）

4. その他の慣用表現
- **more than A**：「Aより多く」　※Aは含まれません
　We need **more than** five people.
　（5人より多く＝6人以上必要だ）

- **other than A**：「A以外に」
  We need computers **other than** this one.
  （これ以外のコンピューターも必要だ）

- **no later than A**：「Aまでに遅れることなく」
  We should arrive there **no later** than 11.
  （11時までには着かねばならない）

EXERCISE 50 （解答はP. 237）

正しい英文になるよう、（　）内のどちらか適切な単語を選んでください。

1. Our machine is (very / much) newer than this one.
2. You have to submit the report no (later / late) than the 4th.
3. The top drawer is less (deep / deeper) than the bottom one.

TOEICではこう出る！

The group members solved problems ------- than they could solve them when working alone.
(A) more efficiency
(B) efficient
(C) more efficiently
(D) efficiently

選択肢の中に、比較級や最上級が含まれていたら、まず空所の後ろにthanがないかをさっとチェックしましょう。thanがあれば、その前に比較級が必要となるので、(A)と(C)に絞れます。語尾から(A)は名詞、(C)は副詞と判断できますが、problems（問題）という名詞に(A)の名詞は続かないので、(C)を選びます。efficiently（効率的に）という単語はTOEIC頻出語の1つですが、意味を知らなくてもこの問題は解くことができます。

正解：(C)

訳 そのグループのメンバーは単独で作業しているときよりも、効率的に問題を解決していった。
　　(A) 名 より多くの効率　(B) 形 効率的な　(C) 副 より効率的に　(D) 副 効率的に

技 16

比較級選択の決め手はこれ！

1. thanがあれば、その前に比較級が1つ必要

We sold many cars than (we did) last year. ✗
We sold **more** cars **than** (we did) last year. ○
（去年より多くの車を販売した）

※we did は省略するのが一般的。

2. 比較級にはtheが付かないのが原則

We need the better idea (than this). ✗
We need **a better idea** (than this). ○
（もっと良いアイデアが必要だ）

※than thisのように話し手たちの間で比べる対象が明確なときには、than以下はよく省略されます。

3. 強調のfarを比較級と間違えない

We work far long than our boss. ✗
We work **far longer than** our boss. ○
（上司よりはるかに長く働く）

ちなみにfarの変化は以下の通り

距離的に遠い	far	farther	farthest
程度がさらに	far	further	furthest

We need **further** study.（さらなる研究が必要だ）

EXERCISE 51 （解答はP. 237）

正しい英文になるよう、（　）内の適切な単語を選んでください。

1. The economy became far (bad / worse) than last year.
2. We are less (busy / busier) on Sunday than on Saturday.
3. The new software processes tasks (even / the) faster.

2 最上級の表現

3つ(人)以上の物(人)を比べて、その中で1番であることを表現するときに**最上級**を使います。ここでは、最上級の文の形と用法を学びましょう。

キホン

最上級の文

1. 最上級の文の形：(the) 形容詞・副詞の最上級 + 範囲を表す表現

This car is **the smallest** of them.（この車はそれらの中で一番小さい）
This car runs the **most smoothly** of them.
（この車はそれらの中で最もスムーズに走る）

2. 最上級の文の作り方

上の2つの例文の作り方を見てみましょう。

STEP 1：文の骨格をイメージしてみる

This car is small.（この車は小さい）
This car runs smoothly.（この車はスムーズに走る）

STEP 2：形容詞・副詞を最上級にして、前にtheを付ける

This car is **the** small**est**.
This car runs **the most** smoothly.

STEP 3：範囲を表す表現を置く

This car is the small**est of them**.
This car runs the **most** smoothly **of them**.

EXERCISE 52 （解答はP. 237）

次の文を( )の中の日本語に合う最上級の文にしてみましょう。

1. That company is big. （あの会社はこの市で1番大きい）
2. Tom understands the process well.
   （トムはチームの中で最もよく工程を理解している）
3. Tom made a long speech. （トムはチームの中で最長のスピーチをした）

最上級に付くtheには代わりとなる表現があります。また、「範囲」を表す表現にもいろいろな種類があります。

キホン

1. 形容詞の最上級に必須のtheに代わるもの
名詞、代名詞の所有格がtheの代わりをします。

Studying is | the / our(私たちの) / Tom's(トムの) / the student's(学生の) | best way to succeed.

(勉強は、… が成功するための最善の方法だ)

※所有格のときは、範囲を表す表現がないこともあります。

2. 最上級の「範囲」を表す表現
- of、in、among：「…の中で」

This song is the best of the five.
(この歌はその5曲の中で最高だ)

This is the worst storm in 30 years.
(これは30年間で最悪の嵐だ)

Mr. Jackson is the most friendly person among my coworkers.
(ジャクソン氏は同僚の中で最も親しみやすい人物だ)

※amongの後ろは常に複数の名詞

- since：「…以来」

We had the best sales since the opening of our store.
(開店以来最高の売り上げがあった)

- (that) 主語＋現在完了形：「…してきた中で」

That is the best movie (that) I have ever seen.
(それは今まで見た中で最高の映画だ)

EXERCISE 53 （解答はP. 237）

正しい英文になるよう、（　）内の適切な単語を選んでください。

1. Mr. Clerk works (harder / hardest) in his department.
2. Jessica appears to feel much (better / best) now.
3. This is the writer's (best / the best) work.

TOEICではこう出る！

The electrical engineering company is enjoying the ------- year since the company was founded 20 years ago.

(A) profits
(B) profitably
(C) more profitably
(D) most profitable

選択肢に比較級も最上級も含まれているので、空所の後ろをさっと見て、thanまたは範囲を表す表現がないかをチェックします。この文ではsince以下に範囲を表す言葉があり、空所の前にはtheもあるので(D)の最上級が選べます。profitableは名詞yearを修飾する形容詞です。このように、選択肢の中に比較表現が含まれていたら、まず、級を決定するヒントを探すと素早く選択肢を絞り込めます。

正解：(D)

訳 その電子機器の会社は、20年前の設立以来最高の利益となった年度を謳歌（おうか）している。

(A) 名 利益　(B) 副 もうかって　(C) 副 よりもうかって　(D) 形 最ももうかる

技 17

最上級選択の決め手はこれ!

1. 空所の前にtheか所有格（形容詞の場合）

Mr. Togo is **the** oldest customer of our company.
（東郷氏はわが社の最も古い顧客だ）

2. なんらかの範囲を表す言葉がある

in、**of**、**among**、**since** など

Mr. Togo ordered the most expensive item **among our products**.
（東郷氏はわが社の製品の中で最も高価な物を注文した）

---

moreとmost

要メモ!

長い単語の前に付いて、比較級、最上級を作るのは、あくまでmoreと(the) mostだけです。better、the bestなどと混同しやすいので間違えないようにしましょう。

more beautiful（より美しい）○　　better beautiful ✗
the most beautiful（最も美しい）○　　the best beautiful ✗

EXERCISE 54 （解答はP. 237）

正しい英文になるよう、(　)内の適切な単語を選んでください。

1. Question 3 was the (most / more) difficult on the test.
2. The customer wanted to try (more / the most) samples.
3. Charles is the (best / most) familiar with the project among us.

3 同等比較の表現と比較のルール

同等比較は、2つ(人)の物(人)の「様子」や「状態の程度」が同じことを表し、形容詞・副詞の原級を使います。その形と作り方を確認しましょう。

同等比較

1. 同等比較の形:as + 形容詞・副詞の原級 + as + 比べる対象

Tom is **as happy as** John.(トムはジョンと同じぐらい幸せだ)
Tom lives **as happily as** John.
(トムはジョンと同じぐらい幸せに暮らしている)

2. 同等比較の文の作り方

上の2つの例文の作り方を見てみましょう。

STEP 1:文の骨格をイメージしてみる

Tom is happy.(トムは幸せだ)
Tom lives happily.(トムは幸せに暮らしている)

STEP 2:形容詞か副詞の前後をas ... asで囲む

Tom is **as** happy **as**
Tom lives **as** happily **as**

STEP 3:比べる対象を後ろに置く

Tom is **as** happy **as John (is)**.
Tom lives **as** happily **as John (does)**.

3. 同等比較の慣用表現

as ... as possible、as ... as one can(できるだけ…)
Tom spoke **as fast as possible**.(トムはできるだけ速く話した)
Tom spoke **as fast as he could**.(トムはできるだけ速く話した)

EXERCISE 55 (解答はP. 237)

次の文を as ... as を使って、(　)の中の日本語に合う文にしてみましょう。

1. That company is big. （あの会社はこの会社と同じぐらい大きい）
2. Tom visits us frequently. （トムはジョンと同じぐらいよく訪れる）
3. Tom makes much money. （トムはジョンと同じぐらい多くのお金を稼ぐ）

同等比較と比較級の共通ルール

1. 比べるのは同じもの

日本語では「A氏の給料は俺よりいい」のような言い方をしますが、厳密に言うとこれは、「給料」と「俺」という異質なものを比較してしまっています。英語では、同等比較の構文でも、比較級の構文でも、必ず同質のものを比べます。

Tom's salary is higher than John.　✕
Tom's salary is higher than John's salary.　〇
Tom's salary is higher than John's.　〇
（トムの給料はジョンの給料より高い）

代名詞を使うときは、単数の物はthat、複数の物はthoseで表します。

The price of my camera is as low as that of a cell phone.
（私のカメラの値段は携帯電話の値段と同じぐらい安い）
The chairs in this room are as good as those in the lobby.
（この部屋のいすはロビーのいすと同じぐらい良い）

2. 比べるものの後ろの動詞の形に注意

前の動詞が一般動詞か、be動詞かで後ろの動詞の形が決まります。

Tom has more books than John is.　✕
Tom has more books than John does.　〇
（トムはジョンより多くの本を持っている）
Tom has as many books as John is.　✕
Tom has as many books as John does.　〇
（トムはジョンと同じぐらい多くの本を持っている）

EXERCISE 56 (解答はP. 237)

正しい英文になるよう、（　）内の適切な単語を選んでください。

1. The houses in Osaka are as small as (that / those) in Tokyo.
2. We shipped goods as rapidly as others (were / did).
3. Finish your job as quickly as (can / possible).

TOEICではこう出る！

The CEO supported Mr. Gayle's idea as ------- as any other member of the executive board did.

(A) enthusiasm
(B) enthusiastic
(C) enthusiastically
(D) enthusiast

as ------- asがあるとやみくもに「形容詞」を選んでしまう人が多いですが、TOEICでは比較表現はよく「品詞の問題」と絡めて出題されます。この例題のように選択肢(B)に形容詞、(C)に副詞がある場合は、**品詞の判別も忘れてはいけない**ということです。空所の前後が as ------- as 〜 になっていたら、その部分を除外すると文の構造がよく分かります。as ------- as any other 以下を取ると、The CEO supported Mr. Gayle's idea(CEOはゲイル氏の考えを支持した)が残ります。よって、空所には「どんな風に支持したか」を表し、動詞supportedを修飾する副詞(C)が入るのです。

正解：(C)

訳 CEOは重役会の自分以外のメンバーと同じくらい情熱的にゲイル氏の考えを支持した。

(A) 名 熱意　(B) 形 熱心な　(C) 副 熱心に　(D) 名 熱心な人

技 18

同等比較(as ... as 構文)の空所はこれで選ぶ

1. as ... as の ... には名詞を選ばない
Advertising is as (important / ~~importance~~) as price setting.
(広告は価格設定と同じぐらい重要だ)

2. as ... as の ... には比較級、最上級は選ばない
These parts are as (good / ~~better~~) as ours.
(これらの部品はわが社のものと同じぐらい良い)

3. as ... as の ... には possible(可能な)、same(同じ)は選ばない
We did as (much / ~~possible~~ / ~~same~~) as we could.
(私たちはできるだけたくさんのことをした)

4. 迷ったら as ... as 以下を取って考える
Our policy has changed **as** (dramatic / dramatically) **as expected**.
(わが社の方針は予想どおり急激に変わった)
↓
Our policy has changed (~~dramatic~~ / dramatically).
(わが社の方針は急激に変わった)

EXERCISE 57 (解答はP. 238)

正しい英文になるよう、(　)内のどちらか適切な単語を選んでください。

1. We have saved as (little / less) as we did last year.
2. Mr. Phillips speaks French as (fluent / fluently) as English.
3. The new office is as (convenience / conveniently) located as the old one was.

実践問題　比較

1. This year the University of Missouri has received the ------- applications it has ever had from foreign students since 1990.
   (A) few (B) fewer
   (C) fewest (D) little

2. If volume is an indication of effectiveness, this search engine might be crowned the ------- of all.
   (A) good (B) better
   (C) best (D) well

3. The traffic on the bridge is a little less ------- at this time of day than in the early morning.
   (A) heaviness (B) heavy
   (C) heavier (D) heavily

4. Many people regard Mount Fuji as Japan's ------- landmark.
   (A) most famous (B) more famous
   (C) the most famous (D) most famously

5. The hailstones which hit the rural area in Tennessee were as ------- as tennis balls.
   (A) large (B) larger
   (C) largely (D) largest

6. In order to cancel the appointment, call the regional registration center no ------- than three full days before your appointment.
(A) late
(B) later
(C) last
(D) latter

7. Our profits in the third quarter of this year are expected to be much better than ------- in the first quarter.
(A) them
(B) that
(C) those
(D) these

8. Consumer software is even more complicated than it ------- 10 years ago.
(A) did
(B) is
(C) had
(D) was

9. Due to lack of experience, new operators cannot process information as ------- as more experienced individuals.
(A) less
(B) efficient
(C) possible
(D) effectively

10. Our outlets in this area have attained far ------- results than those in any other area.
(A) great
(B) greater
(C) greatness
(D) greatly

実践問題　比較　解答と解説

1. (C) fewest
解説 選択肢の中に比較級や最上級があるので、文中から級を特定するヒントを探しましょう。つまりthanや、最上級と一緒に使う範囲を表す言葉がないかを見ます。前にthe、後ろにsince(…以来)があるので、最上級の (C) fewest が適切となります。
👉 技17 P. 133

訳 今年、ミズーリ大学が外国人学生から受け取った願書は1990年以来最も少なかった。

2. (C) best
解説 空所の前後はthe ------- of all となっています。前にthe、後ろにof all(すべての)という範囲を表す表現があるので、最上級の (C) best が正解です。 👉 技17 P. 133

訳 もし量が効率の指標になるのであれば、この検索エンジンがすべての中で最高の栄誉を与えられるかもしれない。

　(A) 形 良い　(B) 形副 より良い(良く)　(C) 形副 最も良い(良く)　(D) 副 良く

3. (B) heavy
解説 is a little less ------- at の空所には補語になる形容詞が必要です。後ろにthanがありますが、less(より少ない)という比較級があるので空所には原級 (B) heavy が入ります。ちなみに less の直前の a little は「少し」という意味で less を修飾しています。
👉 P. 127

訳 橋の交通量は早朝より今の時間の方がやや少ない。

　(A) 名 重いこと　(B) 形 重い　(C) 形 より重い　(D) 副 重く

4. (A) most famous
解説 Japan's ------- landmark の空所には landmark(名所)を修飾する形容詞が来るので、副詞の最上級である (D) most famously は外れます。Japan's(日本の)という所有格がおのずと「範囲」を表しているので、最上級の (A) most famous が適切。Japan's が the の代わりをしているので (C) the most famous は間違いです。比較級の(B)は、この文だけでは比べているものが不明なので不適切です。 👉 技17 P. 133

訳 多くの人が富士山を日本で最も有名な名所と見なしている。

　(A) 形 最も有名な　　　(B) 形 より有名な
　(C) 形 最も有名な　　　(D) 副 最もよく知られるように

5. (A) large

解説 空所の前後は、were as ------ as tennis balls（テニスボールと同じぐらい…）となっているので、**補語になる形容詞でかつ原級である (A) large が正解です。**
👉 技18 P. 137

訳 テネシー州の田園地区を襲ったひょうはテニスボールほどの大きさがあった。

(A) 形 大きい　(B) 形 より大きい　(C) 副 大部分は　(D) 形 最も大きい

6. (B) later

解説 選択肢に級の異なる形容詞が並んでいるのを確認してから、空所の前後を見るとno ------ thanとなっているので、比較級の (B) later が入ります。(D)の latter も late（遅い）の比較級ですが、**later が「時間的に後」を表すのに対し、latterは「順番が後」です。** 2つの物（人）を並べて前者、後者と言うときの「後者」や、「後半」と訳したりします。 👉 P. 128

訳 予約を取り消すには、当日の丸3日前までに地域の登録センターに電話してください。

7. (C) those

解説 選択肢に代名詞が並んでいるので、代名詞が指しているものを探します。**空所が than のすぐ後にあることから、代名詞が「この文で比べている対象」を言い換えていることが分かります。** 文を大きくとらえると「Our profits in the third quarter（第3四半期の利益）が the first quarter（第1四半期）のそれより良い」となるので、profits（利益）を指す複数形の代名詞 (C) those が正解となります。 👉 P. 135

訳 今年の第3四半期の利益は、第1四半期よりかなり良くなる見込みだ。

8. (D) was

解説 動詞を選ぶ問題ですが、空所の前後が、than it ------ 10 years ago と比較級の文になっており、**前の動詞と対応する形を問われていることが分かります。** 従って文頭に戻って動詞を探すと、be動詞のisがあるので、一般動詞の (A) did, (C) had は外れます。最初の動詞は現在形でも、比べている対象が 10 years ago（10年前）のことなので、過去形の (D) was が正解です。 👉 P. 135

訳 消費者向けソフトウエアは10年前よりもさらに複雑だ。

9. (D) effectively

解説 この問題のように、選択肢を見ただけではどんなポイントが問われているのかが分かりにくいものもあります。そんなときは考え込まず、空所の前後を見て見当を付けましょう。空所の前後に as ... as があるので、その間には選べない (C) possibleと比較級の形容詞 (A) less をまず除外します。次に **as ... as 以下を取った文の骨格を考えると**、cannot process information ------（情報を処理できない）となり、空所には process という動詞を修飾する副詞の (D) effectively が適切と分かります。
👉 技18 P.137

訳 経験不足のせいで、新しいオペレーターたちは先輩たちほど効果的に情報処理ができない。

(A) 形 より少ない　(B) 形 効率的な　(C) 形 可能な　(D) 副 効果的に

10. (B) greater

解説 空所の前後は far ------ results than となっているので、空所には比較級の (B) greater が入ります。「はるかに」の意味の far を比較級と錯覚しないように気を付けましょう。👉 技16 P.129

訳 この地区の小売店は、他のどの地区の店よりはるかに良い業績を達成した。

(A) 形 偉大な　(B) 形 より偉大な　(C) 名 偉大さ　(D) 副 偉大に

7 前置詞と接続詞

今までの例文のあちこちにすでに登場している
「前置詞」や「接続詞」には多くの種類があり、
その使い方や意味を覚えておくと、TOEICの
文法問題にも読解問題にも非常に役立ちます。
この章であらためて、最重要の前置詞、接続詞を
整理しておきましょう。

この章を始める前に思い出そう!
30秒 文法用語チェック

前置詞…名詞の前に置いて、物(人)と物(人)との
　　　　相互関係を表す言葉
　　　　例) in(…の中に)、by(…によって)など

接続詞…事柄を並べたり、つないだりする言葉
　　　　例) and(そして)、because(…なので)など

句………意味を持った単語の固まりで、
　　　　その中に主語と動詞を含まないもの
　　　　例) on Monday(月曜日に)、the big tree(大きな木)など

節………意味を持った単語の固まりで、
　　　　その中に主語と動詞が含まれるもの
　　　　例) because I was tired (私は疲れていたので)など

ウォーミングアップ！

この章で使われる語句を押さえましょう。1～16の語句の意味をa～pから選んでください。

1. require （ ） a. 提案
2. answering service （ ） b. 選出する
3. common （ ） c. 小切手、請求書
4. honor （ ） d. 要求する
5. efforts （ ） e. （手などの）届く範囲
6. function （ ） f. （問題などに）取り組む
7. laid （ ） g. 交通
8. address （ ） h. 伝言サービス
9. traffic （ ） i. 栄誉をたたえる
10. advertisement （ ） j. lay（置く）の過去形・過去分詞
11. tax （ ） k. 広告（物）
12. detailed （ ） l. 努力
13. reach （ ） m. 税金
14. select （ ） n. 詳しい
15. check （ ） o. 機能
16. proposal （ ） p. 一般的な、共通の

解答
1. d 2. h 3. p 4. i 5. l 6. o 7. j 8. f
9. g 10. k 11. m 12. n 13. e 14. b 15. c 16. a

※これらの単語はダウンロード音声で聞くことができます（P. 230）。

1 前置詞

前置詞はとにかく覚えていなければ正解できない項目。大まかなイメージをとらえ、いろいろな例文に当てはめながら覚えていきましょう。

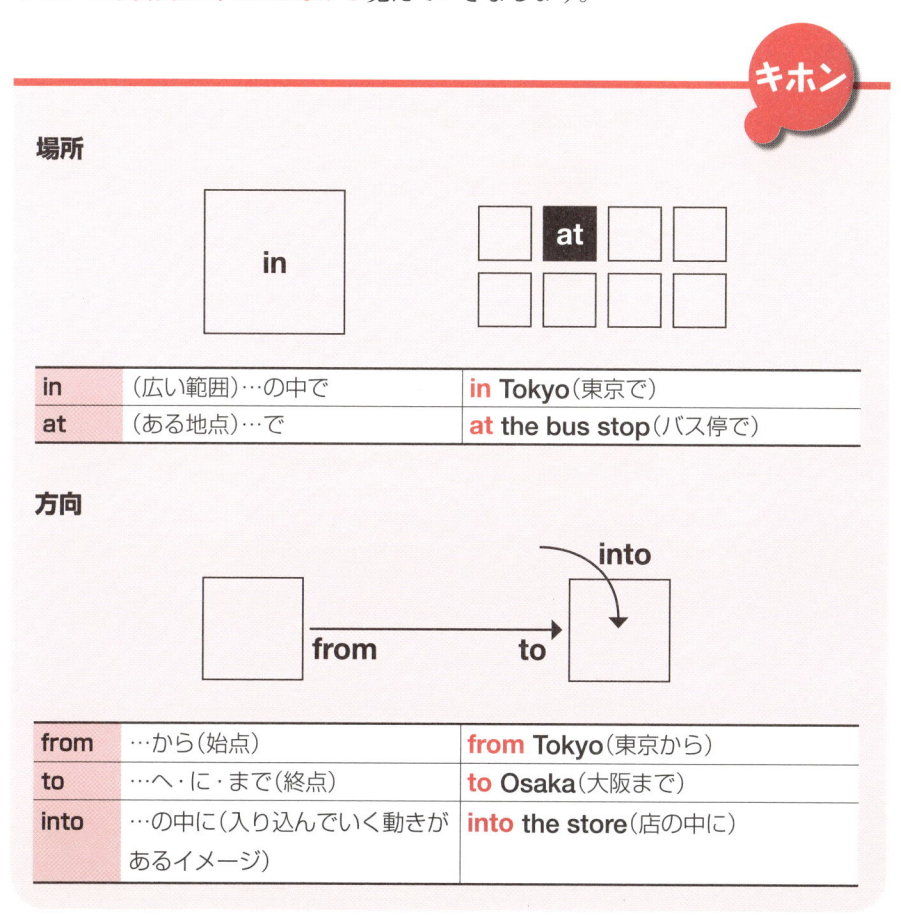

キホン

場所

in	（広い範囲）…の中で	**in** Tokyo（東京で）
at	（ある地点）…で	**at** the bus stop（バス停で）

方向

from	…から（始点）	**from** Tokyo（東京から）
to	…へ・に・まで（終点）	**to** Osaka（大阪まで）
into	…の中に（入り込んでいく動きがあるイメージ）	**into** the store（店の中に）

EXERCISE 58 （解答はP. 238）

（　）内の適切な前置詞を選んでください。

1. (at / in) the door
2. fall (to / into) the river
3. from the company (to / into) the station

キホン

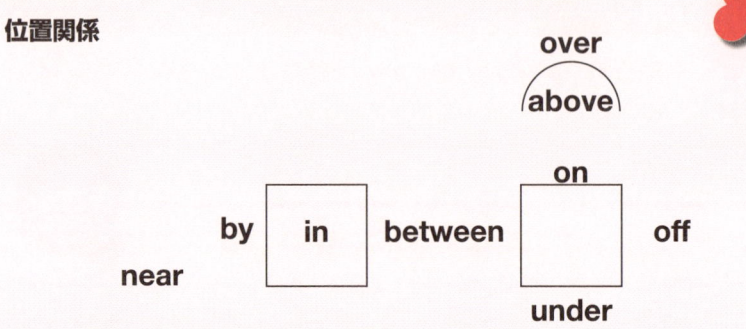

位置関係

```
                    over
                   ┌above┐
                          on
        by  [ in ]  between  [ ]  off
    near                         under
```

in	…の中に	in the box（箱の中に）
by	…の横に・そばに	by the door（ドアの横に）
near	…の近くに	near the box（箱の近くに）
off	…から離れて	off the shore（海岸から離れて）
on	…(接触して)の上に	on the desk（机の上に）
above	…の真上に	above the desk（机の真上に）
over	…(またがるように)の上に	fly over the town（町の上空を飛ぶ）
under	…の下に	under the desk（机の下に）
between	…の間に	between the beds（ベッドの間に）
		between A and B（AとBの間に）

方向性

```
              beyond
              ↑
              across
    ─────────────────→
            along
```

along	…に沿って	along the street（通りに沿って）
across	…を横切って	across the street（通りを渡って）
beyond	…を越えて	beyond reach（手の届かない所に）
	…の向こう側に	

EXERCISE 59 (解答はP. 238)

( )内の適切な前置詞を選んでください。

1. (on / in) the wall　**2.** (by / in) the stairs
3. sail (along / across) the coast

キホン

時

at	…に(時刻)	**at** 5 o'clock (5時に)
on	…に(日にち、曜日)	**on** the 4th (4日に)
		on Wednesday (水曜に)
in	…に(週、月、年)	**in** 2007 (2007年に)
for	…間(不特定の期間)	**for** 10 years (10年間)
over	…にわたって(期間)	**over** the few years (ここ数年にわたって)
during	…の間(特定の期間)	**during** the war (戦争中に)
since	…以来(起点)	**since** 2000 (2000年から)
until	…まで(継続の終点)	stay **until** Monday (月曜まで滞在する)
by	…までに(期限)	leave **by** Monday (月曜日までに出発する)

その他

for	…のために (目的、対象)	**for** sale (販売用の)
		for kindness (親切に対して)
because of	…のせいで	**because of** the snow (雪のせいで)
with	…と・で	**with** scissors (はさみで)
without	…なしに・なしで	**without** TV (テレビなしで)
of	…の	the name **of** the city (都市の名前)
by	…によって (行為者、手段)	**by** us (私たちによって)
		by working (働くことによって)
among	(3者以上)の間で	**among** countries (国々の間で)
like	…のような・ように	**like** doctors (医師のように)
as	…として	**as** a doctor (医師として)
despite	…にもかかわらず	**despite** the rain (雨にもかかわらず)

＝in spite of

7 前置詞と接続詞 ①

EXERCISE 60 （解答はP. 238)

正しい英文になるよう、（　）内の適切な前置詞を選んでください。

1. Chris will come back (until / by) noon.
2. Chris works hard (as / like) his father.
3. Chris left a message (by / with) the answering service.

TOEICではこう出る！

Three employees will be selected to be honored ------- their great efforts in sales performances.

(A) across
(B) for
(C) by
(D) at

選択肢に前置詞が並んでいる場合は、まず空所の前後と選択肢を組み合わせて、知っているイディオムになるかどうか試してみます。be honored for ... は「…で栄誉をたたえられる」という意味で、(B)が正解になります。**イディオムを知らない場合は、それぞれの前置詞が持つ基本的なイメージが、前置詞の目的語である名詞（ここではefforts：努力）と合うかどうかを考えます。**(A)であれば、「努力を横切って」になり、合いません。(C)「努力によって」は、日本語だと正しく響きますが、「努力」は受動態（→P. 56)の行為者にはなり得ません。(D) at も「点」のイメージなので、「努力」とは合いそうにありません。以上のことから消去法で(B)が残ります。for は「～に対して感謝する、ほめる、責める」などと言う際の「～」に当たる対象を導きます。

正解：(B)

訳 3人の社員が売上成績に対する多大な努力をたたえられるべく選出されるだろう。

技19

基本的なイメージと消去法で前置詞の問題を解く!

それぞれの前置詞の基本的なイメージを押さえた上で、イディオム的な表現を消去法で選ぶ感覚を身に付けましょう。

【消去法の感覚の例】

- We talked (on / over) coffee.
  (われわれはコーヒーを飲みながら話した)
  → coffeeの上に乗ってはしゃべらない。どちらかというと、**over**。

- We write reports (on / in) the computer.
  (われわれはコンピューターでリポートを書く)
  →コンピューターの「中」はいくらなんでもあり得ない！ 「画面上」のイメージで**on**。

- Billy's performance is (above / over) average.
  (ビリーの成績は平均以上だ)
  →isは状態だから、動きのあるover(超える感じ)より、上に「ある」感覚の**above**。

- The meeting was held (at / in) August.(会議は8月に行われた)
  →August(8月)には日にちの幅があるから、「ある一点」を指すatは×。だから**in**。

- We thank you (for / to) your help.(ご助力に感謝します)
  →感謝する、たたえる(horor)、有名な(famous、known)の理由を導くのは**for**。

EXERCISE 61 (解答はP. 238)

正しい英文になるよう、(　)内の適切な前置詞を選んでください。

1. The city is famous (in / for) its beautiful temples.
2. We submitted our proposal (on / to) the committee.
3. The store is located (along / between) a flower shop and a bank.

2 接続詞

接続詞は単語、句、節などをつなぐ役割をします。節と句の判別はTOEICで即得点に結び付くポイントです。まずは文の構成単位を確認し、接続詞の学習に進みましょう。

キホン

文の構成単位

次の文を例に、英文の構成単位を見てみましょう。

```
                     ┌─────────文─────────┐
        ┌──節──┐              ┌──節──┐
If you want to visit Mike, you should call him before noon.
           └─句─┘                        └──句──┘
```

（あなたがマイクを訪ねたいなら、正午前に彼に電話すべきだ）

単語：スペースで区切られる1つひとつの言葉。英文の最小単位

If(もしも)、**you**(あなた)、**want**(欲する)など

※各単語の働きに応じて付いた名前が**品詞**(名詞、形容詞、副詞…)です。

句：2語以上の単語の固まりで、その中に**主語と動詞を含まないもの**。その固まりの働きに応じて名詞句、副詞句などと呼びます

・**to visit Mike**（マイクを訪ねること）
 wantの目的語になって名詞の働きをするので**名詞句**

・**before noon**（正午前に）
 「正午前に→電話する」と動詞を修飾する副詞の働きをするので**副詞句**

節：まとまった意味になる2語以上の単語の固まりで、その中に**主語と動詞が含まれているもの**

If <u>you</u> <u>want</u> to visit Mike,（もしあなたがマイクを訪ねたいなら）
　　主語　動詞

※この節全体で「もし…なら→電話する」と動詞を修飾しているので、**副詞節**と呼びます。

EXERCISE 62 （解答はP. 238）

次の下線部が、句か節かを言ってください。

1. Jack left <u>the room</u> <u>without saying anything</u>.
          　　　A　　　　　　　B

2. <u>To attract customers</u>, <u>we have a special sale once a month</u>.
   　　　　C　　　　　　　　　　　　　　　　D

接続詞は、そのつなぎ方で**等位接続詞・従位接続詞**に分かれ、両者には大きな違いがあります。

キホン

1. 等位接続詞
２つの節を対等の関係でつなぐ接続詞を**等位接続詞**といいます。

(1) 主な等位接続詞

and	そして	We make baskets, **and** Henry sells them. （私たちはかごを作り、ヘンリーがそれらを売る）
but	しかし	We ordered a pizza, **but** it never came. （ピザを注文したが、来なかった）
or	もしくは さもないと	Please call **or** e-mail me. （私に電話もしくはメールしてください）

(2) 等位接続詞の後ろの形
前の節と後ろの節の共通の言葉は省略されるので、結果的に等位接続詞が「節と節」だけでなく、「句と句」、「単語と単語」をつないでいるように見えます。

　　We <u>**sang**</u> **and** (we) <u>**danced**</u>. （私たちは歌って踊った）
　　　　単語　　　　　　　単語

　　We work <u>**at home**</u> **or** (we work) <u>**in a workshop**</u>.
　　　　　　　　句　　　　　　　　　　　　　句
　　（私たちは家か作業場で働く）

(3) 文中での位置
等位接続詞はつなごうとする２つの節の間にしか置けません。

　　But we ordered a pizza, it never came.　✕

2. 従位接続詞

従位接続詞は、メインとなる節(**主節**)に、それを修飾する節や目的語の役割をする節(**従節**)をくっつける役割をします。

(1)主な従位接続詞

副詞節を導く従位接続詞

以下の接続詞が導く節は、**主節の動詞を修飾するので副詞節**と呼ばれます。

when	…するときに	We were eating when you called us. (あなたが電話をしてきたときは、食事中だった)
while	…する間に …する一方	While you were working, we fixed the car. (あなたが働いている間に私たちが車を修理した)
before	…する前に	I worked for ABC Co. before I moved here. (ここに引っ越しする前はABC社で働いていた)
after	…した後に	After the party finished, we went home. (パーティーが終わった後、帰宅した)
since	…して以来	I have been out of work since I quit IBC. (IBCを辞めてからずっと失業中だ)
until	…するまで	Until you come back, we will be waiting. (あなたが帰ってくるまで待っている)
as	…につれ …なので …するように	As winter is coming, it is becoming colder. (冬が近付くにつれ、寒くなってきている) As it was raining, we canceled the picnic. (雨が降っていたので、ピクニックは中止した) As you know, we will close our store. (ご存じのように、私たちは店を閉めます)
because	…なので	I was late because my car broke down. (車が故障したので遅れた)
if	もし…なら	If the price is good, we will buy the bag. (値段が手ごろならそのかばんを買う)
whether	…であろうとなかろうと	Whether it is good or bad, I'll take the job. (良かろうが悪かろうが、その仕事を引き受ける)
though / although	…だけれども	Although it was cold, ice cream sold well. (寒かったがアイスクリームはよく売れた)

名詞節を導く従位接続詞

以下の接続詞が導く節は、**主語や目的語などの名詞の働きをするので名詞節**と呼ばれます。

that	…ということ	We know **that** you bought the company. (御社がその会社を買収したことは知っています)
whether / if	…かどうか	We don't know **whether** Guy will come or not. (ガイが来るかどうかは知らない)
すべての 疑問詞		**When** Guy will come is not known. (ガイがいつ来るかは知られていない) (→間接疑問文 P. 91)

※目的語となる節を導くときのthatは、say、think、knowのような一般的な動詞の後では、よく省略されます。

We know you bought the company. ○

(2) 従位接続詞の後ろの形

原則として、節(主語＋動詞)の形が来ます。

I went to the hospital **because a cold**. ✗
I went to the hospital **because got a cold**. ✗
I went to the hospital **because I got a cold**. ○
(私は風邪をひいたので病院に行った)

(3) 文中での位置

従位接続詞は、つなごうとする2つの節の間にも、文頭にも置くことができます。

I went to the hospital **because** I got a cold. ○
Because I got a cold, I went to the hospital. ○

EXERCISE 63 (解答はP. 238)

次の接続詞の意味を確認しましょう。

1. whether　**2.** until　**3.** while　**4.** although　**5.** as

TOEICではこう出る！

------- the advertisement did not carry detailed information, it successfully appealed the product's feature.
(A) But
(B) Even
(C) Although
(D) Despite

選択肢に接続詞や前置詞が含まれている場合は、まず文の構造を確認してから選択肢を絞り込みましょう。つなごうとする節の間にしか置けない等位接続詞の(A) But は、文頭に選べないので除外します。空所の後ろには節が2つあるので(advertisement did not carry と it appealed)、それをつなぐ接続詞が必要です。そこで副詞の(B)と前置詞の(D)も外れます。従ってこの問題の場合は、ほとんど意味を取らなくても(C)を選べます。

正解：(C)
訳 詳細は広告には載っていないが、製品の特徴をうまく訴えた。
(A) 接 しかし　(B) 副 …さえ　(C) 接 …だけれども　(D) 前 …にもかかわらず

技20

接続詞はまず「文構造」を見て選択肢を絞る

時間がかかりがちな接続詞の問題も、ざっと文の構造を見て除外できる選択肢を見抜き、大意をつかんでスピーディーに勝負！

1. Part 5の文頭の空所には、And、But、Or を選ばない

2. 節が2つある文で、接続詞でないものを選ばない
接続詞と間違えそうな以下の品詞に注意！
副詞　　even（…でさえ）
前置詞　during（…の間）、despite（…にもかかわらず）など

3. 一般動詞の直前の空所には、and、but、or のどれかを選ぶ

We found a purse ------- took it to the security office.
動詞の前の空所に入る可能性のある接続詞は、主語だけ省略されることもあるand、but、orのどれか。ここでは意味の上でandが適切。
(私たちは財布を見つけて警備室に届けた)

EXERCISE 64 (解答はP. 238)

正しい英文になるよう(　)内の適切な単語を選んでください。

1. (Though / Even) Roy has a driver's license, he rarely drives.
2. Alice earned a lot, (but / although) saved little money.
3. (Because / Despite) the test was difficult, few passed it.

技21

接続詞のセット表現は「相棒」を探して瞬殺

接続詞の応用表現として2語で1セットになっているものがあります。どちらか1語を選択肢に発見したら、まずはその相棒を文中に探してみましょう。

1. so ... that ~：「あまりに…なので〜だ」
We were **so** tired **that** we finished work early.
(私たちはあまりに疲れていたので早く仕事を終えた)

2. both A and B：「AもBもどちらも」
You can use **both** a credit card **and** a check.
(クレジットカードも小切手も使える)

3. not either A or B：「AもBも…ない」
You can**not** use **either** a credit card **or** a check.
(クレジットカードも小切手も使えない)

4. neither A nor B：「AもBも…ない」
You can use **neither** a credit card **nor** a check.
(クレジットカードも小切手も使えない)

5. whether A or B：「AかBか」
Please ask **whether** you can use a credit card **or** not.
(クレジットカードが使えるかどうかをお尋ねください)
※or not は省略されることがあります。

実践問題　前置詞と接続詞

1. ------- the system works well, the unfriendly interface makes the firewall a bad choice for the common user.
   - (A) Since
   - (B) Despite
   - (C) Although
   - (D) And

2. The bids are required to be submitted ------- September 10.
   - (A) in
   - (B) by
   - (C) at
   - (D) until

3. The new computer model is very popular ------- the country because of its low price and relatively simple functions.
   - (A) among
   - (B) into
   - (C) in
   - (D) along

4. ------- the tax holiday, children's clothing and shoes priced less than $100 are exempt from state and local sales taxes.
   - (A) While
   - (B) Because
   - (C) During
   - (D) Even

5. ------- management and labor agreed to work together in a constructive manner in order to address future challenges.
   - (A) Both
   - (B) Whether
   - (C) Either
   - (D) Between

6. The number of traffic accidents here has gone down significantly ------- the last 10 years.
(A) to
(B) over
(C) between
(D) since

7. In order to prepare for the busy season, Civil Automobile bought some new equipment ------- hired additional workers.
(A) and
(B) since
(C) after
(D) but

8. Company guests can park ------- on the west side of the main building or on the front yard of the warehouse.
(A) neither
(B) as
(C) while
(D) either

9. Finished products have to go through close inspection ------- they are packaged and shipped.
(A) while
(B) because of
(C) until
(D) before

10. The manufacturer guaranteed that if it is properly operated, the device will work well ------- any trouble for at least five years.
(A) beyond
(B) that
(C) without
(D) under

実践問題　前置詞と接続詞　解答と解説

1. (C) Although
解説 選択肢に接続詞と前置詞が含まれているので、まず文構造を確認しましょう。空所の後ろには、system works と interface makes という **2つの節（主語＋動詞）が来ているので、接続の働きのない前置詞の (B) Despite は外れます**。(D) And も Part 5 では文頭に選べない接続詞なので除外して、(A) Since と (C) Although が残ります。「よく働く」と「誤った選択になる」という、相反する2つの考えをつなぐのは「…だけれども」の意味を持つ(C)です。　👉 技20 P.154

訳 システムは良いが、不親切なインターフェースのせいで、そのファイアウオールは一般ユーザーにとって誤った選択となっている。

2. (B) by
解説 前置詞の問題です。空所の後に September 10 という日付が来ているので、「日」の前には来ない (A) in、(C) at は外します。submit（提出する）という動作を9月10日までずっと継続することはできないので、**継続の終点を表す (D) until ではなく、期限を表す (B) by** が正解です。　👉 P.147

訳 入札は9月10日までに行うよう求められている。

3. (C) in
解説 空所の直後の名詞 the country（その国）が複数形ではないので、(A) among は不可。is very popular（とても人気がある）という表現では動きを表せないので、(B) into も不適切です。(D) along も、長さのある何かに「沿って」という意味なので、ふさわしくありません。最終的に (C) in が残ります。　👉 技19 P.149

訳 その新しいコンピューターのモデルは、低価格と、比較的シンプルな機能でその国ではとても人気がある。

4. (C) During
解説 空所の後ろは the tax holiday（免税期間）という句（主語・動詞のない単語の固まり）なので、節と節をつなぐ従位接続詞の (A) While、(B) Because は外れます。(C) During が入れば「免税期間中」という時間の幅を表し、文の意味が通ります。(D) Even は**修飾語の働きしかしない副詞**なので、なくても文は成り立つはずです。この文の場合 The tax holiday, children's clothing and shoes 〜となり、holiday という

名詞を後ろの名詞 clothing and shoes が説明する「同格構造」という形になります。「免税期間、(それは)子供服と靴だが、」では意味が通らないので、不適当ですね。
👉 P. 147

訳 免税期間中は、100ドル未満の子供用の服と靴にかかる州および地方の消費税が免除される。

5. (A) Both

解説 選択肢の中に、セットで使う表現の一部となる言葉が含まれているときは、まずその相棒となる言葉が問題文中にないかチェックしましょう。ここでは空所の後に management and labor agreed と続いているので、and とセットになる (A) Both か、(D) Between が残ります。Between は前置詞で、「経営陣と労働者たちの間に(で)」という意味になり、agreed(同意した)という動詞の主語がなくなってしまうので、(A)が正解となります。ちなみに (A) Both は、ここでは副詞として用いられています。👉 技21 P. 155

訳 経営陣と労働者の双方が、将来の難局に対処するため、建設的な方法で協力することに同意した。

6. (B) over

解説 空所の直後には期間を表す言葉 the last 10 years(ここ10年)があります。(C) between の後ろには「A and B」という形か、「2つのもの」を表す言葉が必要です。時間的な「期間」を表すことができるのは、この選択肢の中では (B) over(〜にわたって)だけです。(D) since(〜以来)の後には「期間」でなく「起点」が続くので不適切となります。👉 P. 147

訳 当地での交通事故の件数はここ10年にわたり著しく減少している。

7. (A) and

解説 空所の後に hired(雇った)という動詞が来ているので、後に続く節の主語を省略できる等位接続詞の (A) and、(D) but が残ります。「新装置を買った」「追加人員を雇った」という内容を続けるには、「そして」の(A)が適切です。(B) since(〜以来)、(C) after(〜後で)を前置詞と考えると、前置詞の直後には名詞、もしくは動名詞が来ることはあっても、動詞の過去形が続くことはないので不適切です。👉 P. 151

訳 繁忙期に備えて、シビル自動車は新しい装置を購入し、追加人員を雇った。

8. (D) either
解説 これもセットで使う表現の一部が選択肢に含まれています。空所の後ろの or を見つけることができれば、すぐに相棒の (D) either を正解に選べます。このように not がなく、either A or B だけの場合、「AかBのどちらか」という選択のニュアンスになります。 ☞ 技21 P. 155
訳 会社への来客は本館の西側か、倉庫の前庭に駐車できる。

9. (D) before
解説 空所の前後には、products have to ... と they are ... という2つの節があるので、接続詞でない (B) because of は除外します。「検品を受けること」と「梱包・出荷」は同時に行われることではないので、「…している間に」の (A) while は不可です。また、「梱包・出荷されるまでずっと検品し続ける」意味になる (C) until も不適切で、(D) before が残ります。 ☞ P. 152
訳 完成品は、梱包され出荷される前に厳密な検品を受けなければならない。

10. (C) without
解説 空所の後ろは any trouble for at least five years となっていて、節ではないので、接続詞の (B) that は除外します。後はすべて前置詞なので、それぞれの意味を考えてみると、「トラブルなしで動く」となる (C) without が適切です。 ☞ P. 147
訳 メーカーは、適切に操作されればその装置が少なくとも5年間は問題なく動くと保証した。

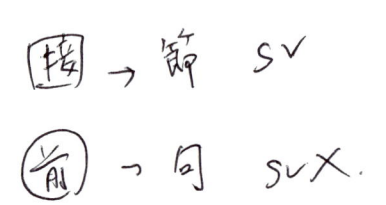

接 → 節 SV
前 → 句 SV×

8 関係代名詞

「関係代名詞」とは、節と節を関係させる(接続する)
働きを持った代名詞で、普通の代名詞が
パワーアップしたものと考えてください。
Part 5、6以外のパートでも必須の、
関係代名詞の基礎知識を確認していきましょう。

この章を始める前に思い出そう!
30秒 文法用語チェック

関係代名詞…名詞を説明する節を、
　　　　　その名詞の後ろに接続する代名詞
　　　　　例) who、which、that など
先行詞………関係代名詞が指す名詞で、後に続く
　　　　　関係代名詞の導く節によって修飾される

ウォーミングアップ！

この章で使われる語句を押さえましょう。1～16の語句の意味をa～pから選んでください。

1. paperwork （ ）　a. …に遅れずについていく
2. contact （ ）　b. 超える
3. reserve （ ）　c. （野菜などを）育てる
4. bill （ ）　d. 事務処理
5. educational （ ）　e. 借りる
6. executive board （ ）　f. 資本、首都
7. statistics （ ）　g. 予約する
8. mention （ ）　h. 請求書
9. replace （ ）　i. 金額、量
10. keep up with （ ）　j. 言及する
11. capital （ ）　k. 教育の
12. grow （ ）　l. 重役会
13. corporation （ ）　m. 置き換える
14. exceed （ ）　n. 連絡する
15. borrow （ ）　o. 統計、統計学
16. amount （ ）　p. 企業

解答
1. d　2. n　3. g　4. h　5. k　6. l　7. o　8. j
9. m　10. a　11. f　12. c　13. p　14. b　15. e　16. i

※これらの単語はダウンロード音声で聞くことができます（P. 230）。

1 whoとwhich

疑問詞として覚えたwhoとwhichは、**関係代名詞**としても使われます。TOEICでもその判別が問われます。ここでは、その働きを学びましょう。

キホン

関係代名詞

1. 関係代名詞の働き
関係代名詞は、**直前にある名詞**（「先行詞」と呼びます）**を指す代名詞**で、かつその**名詞を修飾する節をつなげる接続詞**の働きをします。

　　　　　　　　　　　　　　代名詞
You need an assistant.　She will do paperwork.
（あなたは助手が必要だ）　　（彼女は事務処理をする）

　　　　　先行詞　　関係代名詞
You need an assistant who will do paperwork.
（あなたには事務処理をする助手が必要だ）

Sheもwhoもassistantのことを指していますが、Sheには接続の働きはありません。関係代名詞の後ろは、それ自身を含めて節となっています（関係代名詞節と呼びます）。

2. 関係代名詞の種類
代表的なものはwhoとwhichで、先行詞によって使い分けます。

先行詞	関係代名詞	例
人	who	a man who speaks softly （優しく話す男性）
人以外	which	a store which sells sweets （菓子を売る店）

※関係代名詞と疑問詞は**前に名詞があるかどうか**で判別できます。
関係代名詞　We know the man who came.（来た男性を知っている）
疑問詞　　　We know who came.（誰が来たのかを知っている）

EXERCISE 65 (解答はP. 239)

(　)内の適切な関係代名詞を選んでください。

1. people (who / which) live alone
2. the doctor (who / which) helped me
3. books (who / which) sell well

関係代名詞には**格**があります。それぞれの格の形と、関係代名詞を使った文の作り方を押さえておきましょう。

キホン

whoとwhichの格　　※目的格whomはよくwhoで代用されます。

先行詞	主格	所有格	目的格
人	who	whose	who(m)
人以外	which	whose	which

1. **主格の関係代名詞**の文の作り方

STEP 1：2つの文の中で同じものを指す言葉を探し、片方を適切な関係代名詞に変える

　　　　　　　　　　　　先行詞　　　主格の代名詞
This line is for people.　They apply for a license.
（この列は人々用だ）　　　　（彼らは免許を申請する）
　　　　　　　　　　　　　　　↓
　　　　　　　　　　　who apply for a license.

この場合、Theyがpeopleを指すので、Theyを関係代名詞に変換し、peopleを先行詞とします。先行詞が「人々」で、theyが主格なので、**関係代名詞には主格のwho**を選びます。

※関係代名詞の後の動詞は先行詞の複数・単数に合わせます。

STEP 2：関係代名詞から始まる節を先行詞の直後にくっつける

　　This line is for people who apply for a license.
　　（この列は免許を申請する人々用だ）

2. 所有格の関係代名詞の文の作り方

STEP 1：2つの文の中で同じものを指す言葉を探し、片方を適切な関係代名詞に変える

　　　　　　　　　　　　先行詞　　所有格の代名詞
This line is for people.　Their names begin with C.
（この列は人々用だ）　　　（彼らの名前はCで始まる）
　　　　　　　　　　　　　　　↓
　　　　　　　　　　　whose names begin with C.

この場合、Theirはpeople's（人々の）の代わりをする所有格の代名詞なので、**関係代名詞には所有格whose**を選びます。

STEP 2：関係代名詞から始まる節を先行詞の直後にくっつける

This line is for people whose names begin with C.
（この列は名前がCで始まる人々用だ）

3. 目的格の関係代名詞の文の作り方

目的格の関係代名詞を使うときには、もう1つSTEPが加わります。

STEP 1：2つの文の中で同じものを指す言葉を探し、片方を適切な関係代名詞に変える

　　　　　　　先行詞　　　　　　　目的格の代名詞
This line is for people.　　We called them.
（この列は人々用だ）　　　　（私たちが彼らに電話をした）
　　　　　　　　　　　　　　　　　↓
　　　　　　　　　　　　We called who(m).

この場合、calledの目的語themがpeopleのことを指すと考え、関係代名詞には**目的格のwho(m)**を選びます。

STEP 2：後ろの文の関係代名詞をその文の先頭に持ってくる

This line is for people.　who(m) we called.

STEP 3：関係代名詞から始まる節を先行詞の直後にくっつける

This line is for people who(m) we called.
（この列は私たちが電話をした人々用だ）

> 要メモ！

関係代名詞の注意事項

その1　先行詞が文末にあるとは限らない

（人々はこの列で待つ）　　　（彼らは免許を申請する）
People wait in this line. They apply for a license.

People who apply for a license wait in this line.
（免許を申請する人々はこの列で待つ）

その2　目的格の関係代名詞は省略可能

This line is for people (who[m]) we called.　○
People (who[m]) we called are waiting in this line.　○

EXERCISE 66 （解答はP. 239）

次の2文を関係代名詞を使って1つにしてください。

1. We thanked the customers. They liked our products.
2. The items should be replaced. Their packages are broken.
3. We stayed at the hotel. You mentioned the hotel before.

TOEICではこう出る！

Today, as new technologies rapidly replace old ones, engineers ------- do not keep up with new technologies can quickly lose their edge.

(A) which
(B) whose
(C) who
(D) they

選択肢の中にwhoやwhichが含まれていたら、まず空所の直前を見てみましょう。直前に名詞があれば、関係代名詞の問題と考え、名詞が人かそれ以外かをチェック

します。engineers(エンジニア)は人なので、(B)と(C)が残ります。**空所の後ろには主語がなく、すぐ動詞(do not keep)が来ている**ので、主格の(C)が正解となります。

正解：(C)
訳 新しい技術が急速に古いものに取って代わっている今日、新技術についていけないエンジニアはすぐに競争力を失い得る。

技22 関係代名詞の選択の決め手！ その1

1. 先行詞が人か物かを見極める

語尾が、**-ant**、**-ist**、**-er**、**-or**、**-an**、**-ee**、**-ive** の言葉は人を表す。
accountant(会計士)、**analyst**(分析家)、**electrician**(電気技師)、
trainee(研修生)、**representative**(担当者)、**executive**(重役)

2. 空所以下の節で「欠落しているもの」が分かれば空所が分かる！

(1) The restaurant ------- is near the park is expensive.
欠落しているのは主語
→**主格**の関係代名詞**which**が入る
(公園の近くにあるレストランは値段が高い)

(2) The restaurant ------- you like is expensive.
欠落しているのは動詞likeの目的語
→**目的格**の関係代名詞**which**が入る
(あなたが好きなレストランは値段が高い)

(3) The restaurant ------- owner is my uncle is expensive.
一見何も欠落していないように見える
→でもこの状態だと「何のowner」なのかが分からない
→**その場合は、名詞に付く所有格が欠落している**
→**所有格**の関係代名詞**whose**が入る
(私の叔父がオーナーをしているレストランは値段が高い)

EXERCISE 67 (解答はP. 239)

正しい英文になるよう、(　)内の適切な関係代名詞を選んでください。

1. We are going to reserve a hotel (which / who) has 200 rooms.
2. Workers (who / whose) uniforms got too old should contact us.
3. The answer is (the one / which) shown below.

2 thatとwhat

thatとwhatも関係代名詞として用いられ、よく選択肢に並びます。ここではそれぞれの働きと、判別の方法を確認しましょう。

キホン

thatとwhatの格
that、whatともに所有格はなく、主格と目的格が同じです。

先行詞	主格	所有格	目的格
何でも	that	なし	that
なし	what	なし	what

thatは先行詞が**人でも人以外のときでも**用いられます。すなわち、whoとwhichのどちらの代わりにもなる関係代名詞です。

　　　　先行詞 関係代名詞
Meg is a person that means a lot to us.
（メグは私たちにとって大きな意味を持つ人物だ）
Music is a thing that means a lot to us.
（音楽は私たちにとって大きな意味を持つものだ）

ただし、オールマイティーのように見えるthatも、直前にカンマ(,)があって、補足説明を付ける用法（**接続用法**といいます）と、**前置詞の直後**では**用いることができない**ので注意しましょう。

whatは**先行詞と関係代名詞が1つになって**、「…であること(もの)」という意味の節を作ります。

Music is a thing that means a lot to us.
　　　　　　↓
Music is what means a lot to us.

要メモ！

whatは省略不可能

whichやwhoと同様に、thatの目的格は省略できますが、whatは**先行詞を含んでいるので、どんなときも省略できません**。

This is the thing (that) I wanted. 　　thatは省略可
This is what I wanted. 　　whatは省略不可
（これが私が欲しかったものだ）

EXERCISE 68 (解答はP. 239)

次の単語を並べ替えて、下の日本語の意味になる英文を作ってください（文頭に来るべき単語もすべて小文字になっています）。

1. This (we / not / what / is / ordered).
これは私たちが注文したものではない。

2. Consumers (that / here / grown / vegetables / to buy / want / are).
消費者は当地で栽培されている野菜を買いたがっている。

3. (was / Vicki / angry / what / made) the mistake in the bill.
ビッキーを怒らせたものは、請求書の間違いだった。

TOEICではこう出る！

Today's AERO's situation is clearly not ------- the founder expected 50 years ago.
(A) than
(B) what
(C) that
(D) despite

このように、一見して何を問われているのか分かりにくい問題も、ポイントが見えるまで選択肢を絞っていくのは難しくありません。(A)は前に比較級がないのですぐ

に外せます。後ろに節が来ているので前置詞の (D) despite も不可で、(B) what と (C) that が残ります。前に先行詞となる名詞がないので、関係代名詞としての that であれば不可となりますが、that には普通の接続詞（→P. 153）の働きもあるので、その可能性もチェックする必要があります。**接続詞は関係代名詞のように、「節の中で欠落した単語の代わり」をしません。** 従って接続詞の後ろの節は完全な文になっているはずです。この問題文をもう一度見てみると空所の後の expected（予想した）の目的語がありません。従って that は接続詞としても選べないことになり、先行詞を含む関係代名詞の (B) what が正解となります。

正解：(B)

訳 今日のエアロ社の状況は、明らかに創業者が50年前に予測していたものではない。

技23 関係代名詞の選択の決め手！ その2

1. 直前に名詞があれば、whatは選ばない
There are some houses ~~what~~ …
（…な何軒かの家がある）

2. 直前に前置詞があれば、thatは選ばない
The houses are different from ~~that~~ …
（その家は…と違っている）

3. 直前にカンマがあればthatは選ばない
There are some houses, ~~that~~ …
（何軒かの家があるが、それらは…）

4. 直前に名詞がなくても後ろが欠落のない節ならwhatは選ばない
We know ~~what~~ we lost a lot of money.
（私たちは自分たちが多額のお金を失ったことを知っている）

EXERCISE 69 (解答はP. 239)

次の下線部が正しいかどうか判別し、間違っている場合は訂正してください。

1. We are looking for <u>that</u> will please our customers.
2. The watch <u>what</u> you lost has been found.
3. You can choose <u>what</u> you like.
4. Dali rented a DVD, <u>that</u> he had already seen before.
5. We know <u>what</u> high prices do not necessarily mean high quality.

実際には、先行詞が「人」のときにはthatよりwhoが好まれ、「物」のときには前にカンマがあればwhich、なければthatが用いられるのが一般的です。が、この点をTOEICで問われることはありません。

実践問題　関係代名詞

1. The executive board comprises eight executives ------- are engaged in the execution of the company's business affairs.
(A) which
(B) who
(C) whom
(D) whose

2. The strong wind produces wave conditions especially hazardous to ------- operating smaller vessels.
(A) which
(B) what
(C) that
(D) those

3. The latest statistics show ------- there are more than 150,000 international students enrolled in Canadian educational institutions.
(A) who
(B) that
(C) what
(D) with

4. Mr. Ferguson, ------- authored over 17 books of prose and poetry, was elected to the Academy of Arts and Letters.
(A) that
(B) which
(C) who
(D) where

5. More than 300 years ago, a settlement was established across the river from ------- is now the center of commerce in this region.
(A) what
(B) he
(C) that
(D) why

6. For a corporation ------- capital exceeds a certain amount, a tax rate of higher than 45 percent might be applicable to all of its income.
(A) whom
(B) that
(C) what
(D) whose

7. The company president thanked our workers in the Singapore factory, ------- were making great efforts to keep up with increasing orders.
(A) who
(B) which
(C) whose
(D) whom

8. The outdoor stadium, ------- cost $165 million to build, has a seating capacity of 100,000.
(A) which
(B) what
(C) where
(D) it

9. The painting ------- saw in the museum today was borrowed from the Louvre in France.
(A) that
(B) who
(C) we
(D) while

10. The president told his employees that they should value ------- they have learned from their own experience.
(A) whose
(B) where
(C) what
(D) that

実践問題　関係代名詞　解答と解説

1. (B) who
解説 選択肢に関係代名詞が並んでいるので、まず空所の前の先行詞をチェックします。するとexecutives（重役）という人を表す名詞があるので、人を先行詞とする(B) who、(C) whom、(D) whose が残ります。空所の直後が be動詞のareで、主語が欠落しているので、空所には主格の(B)が入ります。　👉 技22 P.167
訳 重役会は会社の事業の遂行に従事する8人の重役から成っている。

2. (D) those
解説 選択肢には関係代名詞のほかに普通の代名詞thoseも含まれているので、まず文構造を確認して、そもそも空所に関係代名詞が必要かどうかをチェックしましょう。空所の後ろは主語が欠落していますが、よく見ると空所直後のoperatingは動詞ではなく現在分詞です。関係代名詞の後ろには動詞が必要なので、(A) (B) (C)とも不可となります。これは普通の代名詞である (D) those（それらのもの・人々）を後ろからoperating（操縦する）という分詞が修飾している句であることが分かります。
👉 技22 P.167
訳 強い風は特に小型船舶を操縦する人々にとって危険な波の状態を作り出す。

3. (B) that
解説 空所の後ろに節があるので、前置詞の (D) with は真っ先に外れます。直後に動詞がないので、主格の (A) who も外れます。空所の前に先行詞となる名詞がないので、残るのは普通の接続詞としての (B) that と関係代名詞 (C) what。空所の後ろは欠落しているものがない完全な形の節なので、(B)が正解です。　👉 技23 P.171
訳 最新の統計は、15万人以上の外国人学生がカナダの教育機関に登録していることを示している。

4. (C) who

解説 空所の直前にカンマがあるので、まず (A) that を外します。空所の直後に動詞authored（…を著した）があるので、主語になることができる (B) which、(C) who が残りますが、先行詞がMr. Fergusonという「人」なので、(C)が正解となります。疑問詞のところで学習したように、why、where、when、howが主語になることはありません。☞ 技22 P. 167、☞ 技23 P. 171

訳 17冊を超える散文や詩歌の書籍の著者であるファーガソン氏が、芸術文学協会員に選出された。

5. (A) what

解説 空所の直前に前置詞fromがあるので、前置詞の直後には置けない (C) that が外れます。次に、主格の代名詞 (B) he も、fromの後ろに置くならhim（目的格）となるので不適切です。空所の直後に動詞があるので、主語になれない (D) why も外れて、(A) what が残ります。what is now A は「現在のA」という意味で、名詞の働きをする節なので、前置詞の後に続けることができます。☞ 技23 P. 171

訳 300年以上も前、現在はこの地方の商業の中心地である場所から川を挟んだ側に入植地が築かれた。

6. (D) whose

解説 空所の前にcorporation（企業）という名詞があるので、先行詞を含む関係代名詞 (C) what は外れ、(A) whom、(B) that、(D) whose が残ります。空所の後ろは capital exceeds a certain amount（資本が、ある一定の金額を超える）と、一見何も欠落していないように見えますが、このままだと「誰の資本」かが分からないので、capitalの前にcorporation's（企業の）の代わりとなる所有格の関係代名詞 (D) whose が入ります。☞ 技22 P. 167

訳 資本金が一定額を超える会社には、その総所得に対して45パーセントよりも高い税率が適用されるかもしれない。

7. (A) who

解説 空所の直前の名詞factory（工場）は単数なので、空所の後のwereの主語にはなれません。従って先行詞はその前のworkersと考えられ、関係代名詞は人を表す (A) who が正解になります。☞ P. 164

訳 社長は、増加する注文についていくため大いに努力していたシンガポール工場の作業員に感謝した。

8. (A) which
解説 空所の前に名詞stadium（スタジアム）があるので、先行詞を含む (B) what と、節をつなげる働きのない普通の代名詞である (D) it は外れます。主語になれない (C) whereも除外して、(A) whichが残ります。　→ 技23 P. 171

訳 建設に1億6500万ドルを費やした屋外スタジアムは、10万人の収容力がある。

9. (C) we
解説 空所の前に名詞painting（絵画）があるのでとりあえず (A) that が選べそうですが、直後に動詞saw（見た）があります。paintingを先行詞と解釈すると「絵画」が、「見た」ことになってしまうので不適切です。文意から、sawの後ろに目的語paintingがあり、「絵画」を「見た」という形だったはずです。ここで、**目的格の関係代名詞は省略可であることを思い出しましょう**。paintingの後にwhichかthatという関係代名詞が省略されていると考えれば、paintingを「見た」動作主としてふさわしい (C) we（私たち）を空所に入れることができます。　→ P. 166

訳 私たちが今日美術館で見た絵画は、フランスのルーブルから借りたものだ。

10. (C) what
解説 空所の前後はshould value ------- they have learned fromとなっています。この場合のvalueは名詞ではなく「尊重する」という動詞で、助動詞shouldとセットで「尊重すべき」という意味の述語部分を形成しています。従って、先行詞が必要な (A) whoseと、関係代名詞としての (D) that は外れます。learnedの目的語が欠落していて、かつ前に名詞がないので、先行詞を含む関係代名詞 (C) what が正解です。
→ P. 169

訳 社長は社員に、自分自身の経験から学んだものを尊重すべきだと言った。

厳選技クイズ

ここまで学習してきた「技」のうち特に重要なものを、もう一度さっと復習しましょう。
時間がない人は、以下のクイズだけでも解いてみてください。

1. the ------- of / in の間には（名詞／動詞／形容詞／副詞） ☞技1 P. 20

2. 名詞の前、be動詞の後には（名詞／動詞／形容詞／副詞） ☞技9 P. 72

3. 動詞、形容詞の前には（名詞／動詞／形容詞／副詞） ☞技10 P. 76

4. 後ろにthanがあれば（原級／比較級／最上級） ☞技16 P. 129

5. as ～ asの空所には副詞（もアリ／はナシ） ☞技18 P. 137

6. few / manyの後は（複数形／単数形）、everyの後は（複数形／単数形）、little / muchの後は（可算／不可算）名詞 ☞技2 P. 24

7. 後ろに名詞があれば (they / their / them / theirs)、前に名詞があれば (they / their / them / themselves) ☞技3 P. 27

8. 選択肢に動詞が並んでいるときの4つのチェックポイントは？
☞技5 P. 43、技6 P. 49、技7 P. 54、技8 P. 59

9. 後ろに名詞が続けば（能動態／受動態）は選ばない ☞技8 P. 59

10. 後ろにS + Vがあれば (despite / although) は選ばない ☞技20 P. 154

11. bothは (and / or / neither)、eitherは (and / or / neither)、neitherは (and / or / nor) とセット ☞技21 P. 155

12. 前の名詞が「人」なら関係代名詞は (who / which) ☞技22 P. 167

解答
1. 名詞　2. 形容詞　3. 副詞　4. 比較級　5. もアリ　6. 複数形、単数形、不可算　7. their, themselves　8. 動詞の形、主語の数、時制、受動態か能動態か　9. 受動態　10. despite　11. and, or, nor　12. who

9 Part 7に挑戦！

Part 7の形式
Eメール、チャット式のメッセージ、手紙、社内回覧、通知書、広告、請求書、送り状などの、実社会で見かけるような長文や、表に関する質問に答える問題です。1つの文書（シングルパッセージ）に関して答えるタイプと、2つ以上の文書（マルチプルパッセージ）の情報を統合して答えるタイプがあり、それぞれに2～5問の質問が用意されています。

Part 7の解き方

1. 質問から先に読む
Part 7でも「質問と選択肢を先に読み、解答のヒントを探しながら本文を読み進む」という読解問題解法の王道は有効です。ただし2問ならまだしも、4問も5問も先に読んで全部覚えていられる人はまれなので、事前に読む質問数は、自分が効率的と思える数にとどめましょう。

2. 言い換え表現に注意する
正解となる選択肢は、本文の語句を包括的、抽象的に言い換えていることが多いので、そのものズバリでなくても「おおよその意味は合っているか」を確認する必要があります。

3. 全部解こうと思わない
初めての受験で解答時間が足りる人はほとんどいないでしょう。まずは600点が目標なら、全問に真っ向から取り組まず、時間がかかりそうなものは「後回し」または「捨てる」ことが必要です。次ページで紹介する「解きやすい質問」を優先的に解き、正解率を上げましょう。

「解きやすい順」質問パターン！

◎ 優先的に解いて「得点源」にしたい質問

パターン① 文書に出てくる語句の言い換えを選ぶ（2～4問）
In the letter, the word "settling" in line 5 is closest in meaning to ～
👉 P.191
（手紙の5行目の"settling"という単語に最も意味が近いのは～）

これは複数の意味を持つ語句が、本文の中でどの意味で使われているかを尋ねる問題です。その語句の前後だけを見れば判断できるので、短時間で正解できます。

パターン② 詳細を問う（14～17問）
What will happen on October 1? 👉 P.187
（10月1日に何がありますか？）

 質問文に出てきた単語（特に日時や、固有名詞）を本文の中で探すと、その前後でヒントが拾えることが多いタイプの質問です。

パターン③ 書き手の意図を問う（1～2問）
At 11:04, what does Mr. Damon mean when he writes, "I couldn't agree with you more"? 👉 P.183
（11:04に"I couldn't agree with you more"と書くことで、デイモン氏は何を言おうとしていますか？）

問われている表現の前後の文脈をおおよそつかめば、正解できる問題です。どんな内容に対する発言かを考えて選びましょう。

パターン④ テーマを問う（8～10問）
What is the problem? 👉 P.183
（問題は何ですか？）

Why was this e-mail sent? 👉 P.187
（なぜこのEメールが送られたのですか？）

文章のテーマや目的を問う問題で、冒頭と、文章全体からの印象で正解を選べます。

パターン⑤ 文を文章の適した場所に挿入する（2問）

In which of the positions marked [1], [2], [3], and [4] does the following sentence best belong? ☞P.187

（以下の文は、[1]、[2]、[3]、[4]と記された位置のどこに入るのが最適ですか？）

挿入する文を先に読んで、他の問題を解きながら大意を取る過程で、その文が入りそうなところも探りましょう。

△✕ 後回し、または捨てる質問

パターン⑥ 本文と合致するものを選ぶ問題（15～20問）

What is indicated about Ms. Lilly? ☞P.187

（リリーさんについて示されていることは何ですか？）

indicatedの代わりにmentioned（言及される）、suggested（示唆される）、stated（述べられる）という表現も用いられます。

パターン⑦ 本文で述べられていないものを選ぶ問題（2～3問）

What is **NOT** indicated in the advertisement? ☞P.191

（広告で示されて**いない**ものは何ですか？）

上記の⑥と⑦の質問タイプは、選択肢を1つずつ本文と照合していく必要があり、時間がかかります。Part 7中盤以降の長いシングルパッセージの問題は難易度も高いので、この2つのタイプの質問は飛ばして先に進む方がいいでしょう。

★「焦り」を最小限にとどめるための
おススメ「パッセージを解く順」

1. 147～160番ぐらいまでの短いシングルパッセージ
2. 176～200番の複数パッセージ
3. 161～175番の長めのシングルパッセージ（←ここでパターン⑥、⑦を飛ばす）

1 ショートメッセージのやりとりに関する問題

Questions 1-2 refer to the following text message chain.

GREG DAMON　10:45
Did you call me? I'm on the train on the way to Truman's factory.

PETER YELLIN　10:47
Yes, thanks for getting back to me! Do you have our proposal for them with you?

GREG DAMON　10:48
Of course. Why?

PETER YELLIN　10:51
Ms. Scott's found a mistake in the figures.

GREG DAMON　10:56
Oh, no! I'll have to change the data on my laptop now and try and print it out somewhere before I get there.

PETER YELLIN　10:59
Yes, sorry about that. It's the unit price of Art. No.115. It should read $29, not $19.

GREG DAMON　11:01
Got it.

PETER YELLIN　11:02
We should've reviewed it more carefully.

GREG DAMON　11:04
I couldn't agree with you more!

1. What is the problem?
   (A) An appointment has been cancelled.
   (B) A proposal is missing.
   (C) A document includes an incorrect figure.
   (D) A computer needs a repair.

2. At 11:04, what does Mr. Damon mean when he writes, "I couldn't agree with you more"?
   (A) He thinks Mr. Yellin is wrong.
   (B) He is sorry the mistake was overlooked.
   (C) He disagrees that a correction is necessary.
   (D) He has already corrected the error.

1 ショートメッセージのやりとりに関する問題　解答と解説・訳

設問の解答と解説・訳

1. 正解 (C) パターン④ テーマを問う

解説 テーマを問う質問の1種です。ピーター・イエリンが2つ目の発信で「数字にミスがあった」と言っているので、proposal（提案書）をdocument（文書）と言い換えている(C)が正解となります。

訳 問題は何ですか？
　　(A) 予約がキャンセルされた。
　　(B) 提案書が紛失した。
　　(C) 間違った数字が文書に載っている。
　　(D) コンピューターの修理が必要だ。

2. 正解 (B) パターン③ 書き手の意図を問う

解説 I couldn't agree with you more.は、「これ以上できないくらいあなたに賛成→まったく同感だ」という意味のフレーズです。デイモン氏はイエリン氏が「もっと注意深く見直すべきだった」と述べたことに同意しているので、(B)がその言い換えとなります。

訳 11:04に「まったくだ！」と書くことで、デイモン氏は何を言おうとしていますか？
　　(A) イエリン氏が間違っていると思っている。
　　(B) ミスを見逃したことを悔やんでいる。
　　(C) 訂正が必要なことに同意していない。
　　(D) 彼はすでに間違いを訂正した。

問題文の訳

問題1から2は次のショートメッセージに関するものです。

グレッグ・デイモン　10:45
電話くれた？　今、トルーマン社の工場へ向かう電車の中。

ピーター・イエリン　10:47
うん、折り返しありがとう！　先方への提案書持ってる？

グレッグ・デイモン　10:48
もちろん。どうして？

ピーター・イエリン　10:51
スコットさんが数字の間違いを見つけたんだよ。

グレッグ・デイモン　10:56
しまった！　すぐにノートPCでデータを直して、先方に着く前にどこかでプリントアウトするようにしなきゃね。

ピーター・イエリン　10:59
うん、悪いね。品番115の単価なんだ。19ドルじゃなくて29ドル。

グレッグ・デイモン　11:01
了解。

ピーター・イエリン　11:02
もっとよく見直すべきだったよなあ。

グレッグ・デイモン　11:04
まったくだ！

要チェック！語句

- **get back to**／…に折り返し連絡する
- **figure**／数字
- **include**／含む
- **overlook**／見逃す
- **review**／見直す
- **incorrect**／間違った
- **disagree**／反対する
- **proposal**／提案書
- **missing**／見つからない
- **repair**／修理
- **necessary**／必要な

2 Eメールに関する問題

Questions 3-6 refer to the following e-mail.

To :　　All branch heads
From :　Michael Jean, Marketing and Sales
Subject : Conference Call
Date :　　September 20

Hello Everyone,

This message is to inform you that the telephone conference call concerning the upcoming launch of our newest marathon-walking shoe has been changed from Monday, October 1 to Wednesday, October 3. — [1] —. As CEO, Ms. Lilly must represent us at a San Francisco meeting of all major marathon shoe manufacturers. — [2] —. This meeting, originally scheduled for October 5, was moved up to October 1 because of an unexpected problem with the planned venue. — [3] —. I apologize for any inconvenience this may cause you. — [4] —.
Thank you for your flexibility.

Michael

3. Why was this e-mail sent?
   (A) To announce a scheduling change
   (B) To promote an event in San Francisco
   (C) To ask for input on a shoe design
   (D) To encourage participation in a marathon

4. What is indicated about Ms. Lilly?
   (A) She is organizing an event.
   (B) She lives in San Francisco.
   (C) She designs sports shoes.
   (D) She is a company executive.

5. What will happen on October 1?
   (A) A gathering of shoe-makers
   (B) The introduction of an athletic shoe
   (C) A telephone meeting
   (D) A sports event

6. In which of the positions marked [1], [2], [3], and [4] does the following sentence best belong?

"This rescheduling is due to a sudden shift in the CEO's schedule."

   (A) [1]
   (B) [2]
   (C) [3]
   (D) [4]

2 Eメールに関する問題　解答と解説・訳

設問の解答と解説・訳

3. 正解 (A)　パターン④　テーマを問う

解説 第1文で「電話会議の予定変更を連絡するため」と述べているので、(A)が正解です。

訳 なぜこのEメールが送られたのですか？
(A) 予定変更を告知するため
(B) サンフランシスコでの催しを推進するため
(C) 靴のデザインについての意見を求めるため
(D) マラソンへの参加を促すため

4. 正解 (D)　パターン⑥　本文と合致するものを選ぶ

解説 Lillyという固有名詞を探して、選択肢と照合していきましょう。第2文にAs CEO（最高経営責任者として）という表現が見つかります。CEOは重役の一人なので、(D)が正解です。

訳 リリーさんについて示されていることは何ですか？
(A) 彼女はイベントを運営している。
(B) 彼女はサンフランシスコに住んでいる。
(C) 彼女はスポーツシューズのデザインをしている。
(D) 彼女は企業の重役である。

5. 正解 (A)　パターン②　詳細を問う

解説 細かい情報を尋ねる問題です。「10月1日」が、最後から3番目の文で靴メーカーの会合が繰り上げとなった日だと分かるので、本文のmeetingをgatheringで言い換えている(A)が正解となります。(C)の電話会議は「10月3日に変更になった」ので不正解です。

訳 10月1日に何がありますか？
(A) 靴メーカーの集まり　　(B) 運動靴の紹介
(C) 電話会議　　　　　　　(D) スポーツイベント

6. 正解 (A)　パターン⑤　文を文章の適した場所に挿入する

解説 This rescheduling（この予定変更）という表現が大きなヒントになります。

予定変更に言及しているのは第1文の後半なので、[1]の位置に挿入するのが適切です。[3]の直前の文でも会合の予定変更が述べられていますが、理由は「会場の問題のせい」と言っているので、この後に「変更の原因はリリーさんの予定が変わったから」と続くのは不自然です。

訳 以下の文は、[1]、[2]、[3]、[4]と記された位置のどこに入るのが最適ですか？
「この変更は最高経営責任者の予定に突然変更が生じたことによるものです」

問題文の訳

問題3から6は次のEメールに関するものです。

宛先： 全支社長
送信者： マイケル・ジーン、営業部
件名： 電話会議
日付： 9月20日

皆さんへ

このメールは、間近に迫ったわが社の最新マラソン・ウオーキングシューズの発売に関する電話会議が、10月1日月曜日から10月3日水曜日に変更されたことをお知らせするものです。この変更は、最高経営責任者の予定に突然変更が生じたことによるものです。最高経営責任者として、リリーさんはサンフランシスコでの全大手マラソンシューズメーカーの会合に当社を代表して出席しなければなりません。この会合は当初10月5日に予定されていましたが、予定していた会場での予期せぬ問題のため、10月1日に繰り上げられました。ご迷惑をお掛けして申し訳ありません。柔軟なご対応に感謝いたします。

マイケル

要チェック！語句

- telephone conference／電話会議
- upcoming／来る、間近に迫った
- CEO／最高経営責任者
- originally／元は
- unexpected／予期していない
- apologize／謝罪する
- cause／引き起こす
- due to／…のせいで
- concerning／…に関して
- launch／開始、発表、発売
- represent／代表する
- move up／前倒しにする
- venue／開催地
- inconvenience／不便さ
- flexibility／柔軟性

3 複数の文書に関する問題

Questions 7-11 refer to the following advertisement, invoice and letter.

ExCEL OUTDOORS

ExCEL Outdoors has an annual sale from March 1 to March 31.
10% OFF on EVERYTHING!
Furthermore, members of ExCEL Club can get an extra 5% OFF.
Join our club now and save more!
Free shipping on orders over $200.
For more details, visit our Web site excel.sportgoods.com

ExCel Outdoors
Invoice   # <u>10077</u>

1 Whitney Way, Lone Pine, CA 93545
(661)932-7721

| Date of Order | <u>March 24</u> |
| Ship Date | <u>March 25</u> |

Send To : Todd Hoss, 2001 Whitsett Drive, Porterville, CA 93257

Quant.	ITEM NUMBER	DESCRIPTION	PRICE
1	#6832	KLEINKIRK backpack (green)	$370.00
1	#5523	MOONRISE sleeping bag	$200.00
3	#7451	RAMSEY synthetic rope 80	$ 70.00
1	#8200	RAMSEY Silicon tarp	$ 140.00
		Subtotal	$920.00
		Discount 15%	− $138.00
		Tax(7.5%)	$58.65
		Grand Total	$840.65
Important Directions		Time of Delivery : Prompt Shipment	

ExCEL Outdoors,
Dear Sirs,   March 26

Yesterday, I received a shipment of backpacking equipment as per Invoice #10077. While I appreciate the promptness of your delivery, the shipment includes one torn tarp as enclosed here. Please send me a substitute as soon as possible.
Thank you very much for your quick action in settling this matter.

Respectfully,
Todd Hoss

7. What is NOT indicated in the advertisement?
(A) An Internet address
(B) The duration of an event
(C) The location of the business
(D) A special offer

8. What is suggested about Mr. Hoss?
(A) He ordered through the Internet.
(B) He belongs to ExCEL Club.
(C) He works as a trail guide.
(D) He paid the shipping fee.

9. What is the purpose of the letter?
(A) To request a replacement
(B) To ask for a refund
(C) To place an order
(D) To get a repair

10. According to Mr. Hoss, which item has a problem?
(A) #5523
(B) #6832
(C) #7451
(D) #8200

11. In the letter, the word "settling" in line 5 is closest in meaning to
(A) solving   (B) placing
(C) paying   (D) resting

3 複数の文書に関する問題　解答と解説・訳

設問の解答と解説・訳

7. 正解 (C)　パターン⑦　本文で述べられていないものを選ぶ

解説 広告を見ながら選択肢を1つずつチェックしていきましょう。(A)は最終行に会社のHPアドレスが載っています。(B)は2行目に3月1日～3月31日と書かれています。(C)はどこにも書かれていないので正解です。(D)は会員への特別割引があると述べられています。

訳 広告で示されていないものは何ですか？
(A) インターネットアドレス
(B) 催しの期間
(C) 事業所の場所
(D) 特別の申し出

8. 正解 (B)　パターン⑥　本文と合致するものを選ぶ

解説 ホス氏はinvoice(送り状)から、発注者と分かります。複数の文書を扱う問題には、必ず2つ以上の文書の情報を合わせて答えを特定する質問があります。7の質問に答えるのに必要でなかった広告中の「会員は10パーセント＋追加5パーセント引き」、「200ドル以上で送料無料」という情報が、この質問への解答の鍵です。invoiceに15パーセントの値引きが記されているので、ホス氏が会員用の追加割引を受けていることが分かります。従って(B)が正解。(A)、(C)については記述がなく、(D)は総額が200ドルを越えているため、送料無料なので不正解です。

訳 ホス氏について何が示唆されていますか？
(A) インターネットで注文した。
(B) エクセルクラブに所属している。
(C) 山道ガイドとして働いている。
(D) 送料を払った。

9. 正解 (A)　パターン④　テーマを問う

解説 手紙の3行目でsubstitute(代替品)を送ってほしいと述べているので、(A)が正解となります。

訳 手紙の目的は何ですか？
(A) 交換品を求めること

(B) 返金を求めること
(C) 注文をすること
(D) 修理をしてもらうこと

10. 正解 (D) パターン② 詳細を問う

解説 これも典型的な複数文書問題の質問です。ホス氏は手紙で「torn tarp(破れたシート)があった」と述べています。選択肢には品番しか載っていないので、すぐさまinvoiceでtarpを探すと(D)が選べます。

訳 ホス氏によると、どの商品に問題がありますか？
(A) #5523　　(B) #6832
(C) #7451　　(D) #8200

11. 正解 (A) パターン① 文書に出てくる語句の言い換えを選ぶ

解説 settleはもともとは「落ち着かせる」という意味で、文脈によって「落着させる」、「定住する」、「決済する」などと訳されます。ここではsettling this matter(この問題を落着させること)に最も近いのは(A)です。

訳 手紙の5行目の"settling"という単語に最も意味が近いのは
(A) 解決すること
(B) 置くこと
(C) 支払うこと
(D) 休ませること

問題文の訳

問題7から11は次の広告、送り状と手紙に関するものです。

エクセルアウトドアズ

エクセルアウトドアズは3月1日から3月31日まで、毎年恒例のセールを行います。
全商品10パーセント引き!
さらに、エクセルクラブ会員の方は追加で5パーセント引きとなります。
今すぐクラブに加入して、節約しましょう!
200ドル以上の注文は送料無料。
詳しくは弊社のウェブサイト、excel.sportgoods.comをお訪ねください。

エクセルアウトドアズ				ホイットニーウェイ1 ローンパイン CA 93545	
送り状　#10077				(661)932-7721	
				受注日　3月24日	
				出荷日　3月25日	

送付先：トッド・ホス様
　　　　ホイットセット通り2001 ポータービル CA 93257

数量	品番	明細		価格
1	#6832	KLEINKIRK バックパック(緑)		$370.00
1	#5523	MOONRISE 寝袋		$200.00
3	#7451	RAMSEY 合成繊維ロープ 80		$ 70.00
1	#8200	RAMSEY シリコンシート		$140.00
			小計	$920.00
			値引き 15%	−$138.00
			税金(7.5%)	$58.65
			総計	$840.65
重要な指示				納期：即時出荷

エクセルアウトドアズ／ご担当者様　　　　　　　　　　　　3月26日

昨日、送り状No.10077のとおり、バックパック用具の荷物を受け取りました。早速お送りいただいたのはありがたいのですが、こちらに同封したように、破れたシートが入っていました。できる限り早急に代替品を送っていただけるようお願いします。

本件の解決のために、迅速なご手配をいただければ幸いです。
よろしくお願いします。
トッド・ホス

要チェック！語句

- **invoice**／送り状・請求書
- **furthermore**／さらに
- **equipment**／装備
- **promptness**／迅速さ
- **torn**／破れた
- **substitute**／代替品
- **belong**／所属する
- **annual**／例年の
- **description**／説明
- **appreciate**／感謝する
- **include**／含む
- **enclosed**／同封された
- **duration**／期間
- **refund**／返金

リーディング・セクション ミニ模擬テスト

最後の仕上げにTOEIC形式のミニ模擬テストをやってみましょう。難易度は実際のテストとそう変わりません。出てくる単語は中学レベル以上のものもありますが、ここまで学習してきた「技」を駆使すれば問題文の意味が全部分からなくても解けるはずです。まず、P.178の「厳選技クイズ」をさっと見直してから、次のステップに沿って取り組みましょう。

ミニ模擬テストの取り組み方

1. **まずは、目標30～40分で、辞書を使わずにやってみる**

   時間配分の目安　　**Part 5**　15問………4分
   　　　　　　　　　Part 6　 8問………5分
   　　　　　　　　　Part 7　26問……30分

   ※問題数は本番のテストの約半分です。

2. 解答を見る前に、「技」の説明を見直したり、辞書を使うなどして、自分でもう一度問題の答えと意味をゆっくり考えてみる

3. 間違ったところ、あやふやだったところは解説にある参照ページを見て復習する

すべての問題を解く上で共通するキーワードは
　　　1. まず選択肢(設問文)を読む!
　　　2. 問題文を読む量はなるべく少なく!
　　　3. 難しそうな問題は後回し(P.180)
です。
では、時計をセットして、ミニ模擬テストを始めましょう。

Part 5

Directions: Fill in the blanks by choosing the best expression from the choices given below each sentence.

1. Mr. Calvin's former clients still contact him to let him know how much they appreciated ------- efforts.
   (A) he
   (B) his
   (C) him
   (D) himself

2. I think with this help-wanted advertisement we will finally ------- able to find the right person for this position.
   (A) are
   (B) can
   (C) be
   (D) being

3. The parts we ordered are not currently -------, so we have to wait for a while.
   (A) available
   (B) availability
   (C) avail
   (D) availably

4. At Fair Company, a chance to be promoted is equally given to ------- male and female employees.
   (A) both
   (B) either
   (C) between
   (D) whether

5. Mr. Spader, the former CEO of Leebay Corporation, will share five tips for ------- a skilled workforce at the next workshop.
   (A) develop
   (B) developed
   (C) developing
   (D) development

6. You should make a copy of each document before you ------- it in to the accounting department.
   (A) handed
   (B) to hand
   (C) are handed
   (D) hand

7. The government has decided to offer $900 million in grants to improve the ------- of technology in healthcare.
   (A) useful
   (B) used
   (C) use
   (D) usefully

8. Selling more than 10 cars a month is a ------- impossible goal for the new salesperson.
   (A) nearly
   (B) neared
   (C) near
   (D) nearing

9. The protective cap on the new fire extinguisher makes it much ------- than the old version.
   (A) safe
   (B) safer
   (C) safest
   (D) safely

10. Mr. Bronson was introduced to the executive ------- is responsible for hiring.
    (A) which
    (B) whose
    (C) what
    (D) who

11. Our sales revenue from new products is predicted to be low, since we have not won ------- new contracts so far this year.
    (A) many
    (B) few
    (C) much
    (D) little

12. The mobile phone sales representative explained the new functions as ------- as possible.
    (A) clear
    (B) clarity
    (C) clearly
    (D) clearest

13. ------- most of its competitors have registered worse sales than last year, YES HERE has enjoyed its most profitable year.
    (A) If
    (B) Despite
    (C) Although
    (D) But

14. All the attendees wanted to know ------- the company achieved the restructuring goal in such a short time.
    (A) what
    (B) how
    (C) which
    (D) of

15. The evils of the virus ------- to many computer users for years.
    (A) has known
    (B) is known
    (C) are knowing
    (D) have been known

Part 6
Directions: Fill in the blanks by choosing the best expression from the choices given below.

Questions 16-19 refer to the following e-mail.

Dear Alice

Hello! I hope you have been well. Today, I write with an important request.

As you know, I ------- a job as an ESL teacher for a nonprofit
        16.
organization, which has proven exciting and enjoyable, but it is now time to secure a more stable job.

I am currently applying to several companies. Each job is different in nature, ------- I know I will need references for each of them in time.
              17.

  18.
Should you agree to write for me, I will send additional information in my next e-mail. I thank you so much ------- your time
                                                                    19.
and consideration.

Most Sincerely,

Brian

16. (A) landed
    (B) landing
    (C) will land
    (D) land   Ⓐ Ⓑ Ⓒ Ⓓ

17. (A) despite
    (B) but
    (C) even
    (D) because   Ⓐ Ⓑ Ⓒ Ⓓ

18. (A) I wonder if you would be interested in applying for the job.
    (B) Please send me the details of those companies.
    (C) Thus, I would appreciate your support of my candidacy.
    (D) In addition, you can choose a topic for your presentation.   Ⓐ Ⓑ Ⓒ Ⓓ

19. (A) to
    (B) in
    (C) with
    (D) for   Ⓐ Ⓑ Ⓒ Ⓓ

Questions 20-23 refer to the following notice.

Dynamic Investment Consulting

= Notice of Relocation =

Dear valued customers,

We are ---20.--- to announce that we will relocate to 2nd floor, Arlon Building, 195 Wellington Street, Perth on June 20. This will allow us to serve you in greatly improved surroundings. The new office is just five minutes drive from ---21.--- current location, while our e-mail address, telephone and fax numbers will remain unchanged.

We ---22.--- operations during the move, so you should not experience any changes or delays in our services.

---23.---

20. (A) pleased
    (B) pleasure
    (C) pleasant
    (D) please   Ⓐ Ⓑ Ⓒ Ⓓ

21. (A) its
    (B) their
    (C) our
    (D) your   Ⓐ Ⓑ Ⓒ Ⓓ

22. (A) continues
    (B) continued
    (C) have continued
    (D) will continue   Ⓐ Ⓑ Ⓒ Ⓓ

23. (A) We are very sorry for the inconvenience.
    (B) We look forward to welcoming you to our new office.
    (C) Please contact us for the new position.
    (D) We are looking for a new office.   Ⓐ Ⓑ Ⓒ Ⓓ

Part 7

Directions: Please read the following passages and answer each question.

Questions 24-26 refer to the following notice.

NOTICE

Due to *Surf Beyond*'s continuing efforts to better meet customer needs, please accept our apologies for any inconvenience caused during our ongoing construction projects.

From April 27, the EAST PARKING LOT will be PERMANENTLY CLOSED to make way for a new wave pool complex to help you better test our surfboards before you buy them. We will be renting parking space from the City of San Diego starting April 25. CUSTOMERS please park on SUN DRIVE. DELIVERY VEHICLES please park on BEACH STREET. EMPLOYEES please park on OCEANSIDE BOULEVARD.
Thank you for your patience and understanding during this time.

ARIEL STEVENS, CEO *Surf Beyond*

---

24. What is this notice about?
    (A) Surfing in San Diego
    (B) Renting cars
    (C) A parking area closure
    (D) A wave testing pool

25. Where can a customer park his or her car?
    (A) EAST PARKING LOT
    (B) SUN DRIVE
    (C) BEACH STREET
    (D) OCEANSIDE BOULEVARD

26. When will rented parking space be available?
    (A) April 24
    (B) April 25
    (C) April 26
    (D) April 27

Questions 27-29 refer to the following Web site.

| Home | Shops | Designers | **Jobs at DUCCINI** | Sale |

DUCCINI, LTD. is now searching for models for its upcoming tour.

We are an industry pioneer and pacesetter, continually pushing new design and style with our own unique character. Gracing the DUCCINI runway is the spark to ignite any career.

Successful candidates must meet these criteria:

➢ A minimum of six-months industry experience

➢ Successful completion of a college-level design course

➢ An edgy, yet elegant and timeless look

➢ Current passport

To apply, e-mail your resume and photo portfolio along with a cover letter to lead choreographer Christophe Jeremie at chjr@duccini.com.

Only successful applicants will be contacted.

27. What kind of business is DUCCINI, LTD. in?
    (A) Travel
    (B) Show business
    (C) Clothing
    (D) Advertising   Ⓐ Ⓑ Ⓒ Ⓓ

28. What is NOT required for this position?
    (A) Communication skills
    (B) Work experience
    (C) Attractive appearance
    (D) Knowledge of design   Ⓐ Ⓑ Ⓒ Ⓓ

29. How can a person apply for this job?
    (A) Go to the company office
    (B) Visit DUCCINI's Web site
    (C) Participate in an audition
    (D) E-mail a job history and pictures   Ⓐ Ⓑ Ⓒ Ⓓ

Questions 30-31 refer to the following text message chain.

Dean Norris   10:30
Where are you now?

Jessy White   10:31
Prince Auto's booth. In line for a test drive.

Dean Norris   10:32
That's what I wanted! Long line?

Jessy White   10:34
Actually, we've been here for 30 min. Are you gonna try, too?

Dean Norris   10:37
I don't think so. Where are the others? Kevin's here with me at Pride Motors's. It's really cool.

Jessy White   10:40
Then I can't miss it. I don't know about the others. Anyway I'll see you at 12:30 at the cafeteria next to the gate, right?

Dean Norris   10:41
Yep! See you there.

30. Where most likely are they?
(A) At an exhibition
(B) In a guided tour
(C) At a conference
(D) In a theater　　　　　　　　　　　Ⓐ Ⓑ Ⓒ Ⓓ

31. At 10:37, what does Mr. Norris most likely mean when he writes, "I don't think so"?
(A) He does not mind waiting for a long time.
(B) He will miss the interactive activity.
(C) He does not know where the others are.
(D) He is not interested in Prince Auto's booth.　　Ⓐ Ⓑ Ⓒ Ⓓ

Questions 32-35 refer to the following memorandum.

ING ADVERTISING

To all Planning Department staff

Memorandum

The new Ryan Field thriller *LA Sunset*, centering around Jake Lawrence (played by Ryan Field) and Carrie Mills (Erica Matteson) as they try to solve mysterious crimes in the Los Angeles beach communities, will hit theaters this Christmas.

I suggest the following promotional campaign:

- **Start with ads in Los Angeles in October and expand to the entire country by December.**
- **Our main target group: those aged 18 to 35**
  Men and women in this group love Field and Matteson's mix of attractiveness, strength, and honor.
- **Use freeway and subway signs, the Internet, and fast-food chains.**
- **A competition for *LA Sunset* products would create buzz.**
  The grand prize: a Hollywood trip for the film's opening.

Reasons this will work:

1. **Ryan Field and Erica Matteson**
2. **The initial focus on Los Angeles will assure that those most likely to have interest will learn about the film first.**
3. **The chance to meet two major stars is a movie fan's dream.**
4. **The targeted group has the highest Internet use and eats the most fast food.**

I am willing to present these ideas to the executive board at Eagle Pictures. Thank you.

John Douglas, Director of Marketing

32. Why was this memo written?
    (A) To announce a project launch
    (B) To present a marketing idea
    (C) To introduce a new account
    (D) To call actors for theater roles

33. What is going to be promoted?
    (A) A book
    (B) A play
    (C) A movie
    (D) A TV drama

34. What is NOT mentioned in the memorandum?
    (A) The inclusion of two big stars
    (B) The habits of the focus group
    (C) The geographical strategy of the campaign
    (D) The convenience of the event location

35. What is suggested about *LA Sunset*?
    (A) It has been made by Eagle Pictures.
    (B) Its main setting is a fast-food restaurant.
    (C) It will be available on the Internet.
    (D) It was produced by John Douglas.

Questions 36-39 refer to the following article.

The Valley Times

–A Perfect Match for Pizza Lovers–
Kellen Raine, Staff Writer

(New York) — [1] —. Star Pizza Ltd. and Perfect Pies, Inc. are set to announce tomorrow that the two pizza giants will be combining forces effective January 1, forming a partnership of unprecedented power and potential. — [2] —. The new company with an estimated value reported to be at least US$2 billion will go by the name Star Perfect Pizza Enterprises. — [3] —. Current Star Pizza CEO Lisa Fugazzi will run day-to-day operations of the company, while Perfect Pies CEO Edward Dumello will move into the role of chief financial officer for the new company.

— [4] —. Perfect Pies is known to pizza enthusiasts throughout the US for its savory combinations of ingredients and specially produced mozzarella cheese, based on a Sicilian family recipe. Star Perfect plans to maintain a section of its menu for the pizza styles of Star Pizza and Perfect Pies, respectively, while also creating new pizzas combining the best features of both companies' menus.

36. What is this article mainly about?
    (A) Development of new recipes
    (B) The joining of two companies
    (C) Promotion of new managers
    (D) Management of a large corporation

37. The phrase "move into" in line 8 is closest in meaning to
    (A) take
    (B) relocate
    (C) work
    (D) operate

38. What makes Perfect Pies, Inc.'s products so popular?
    (A) Ingredients and cheese
    (B) Special crust
    (C) Coupon promotions
    (D) Italian tradition

39. In which of the positions marked [1], [2], [3], and [4] does the following sentence best belong?

    "Star Pizza is famous for its secret crust recipe that creates a uniquely Italian taste and crispness."

    (A) [1]
    (B) [2]
    (C) [3]
    (D) [4]

Questions 40-44 refer to the following e-mails.

From :   Anthony Gilbert <agilbert@ucmooney.edu>
To :   Marlin David <mdavid1@allaninstitue.org>
Subject :   Lecture Request   Date : July 28

Dr. David,
Hello. I trust this message finds you well and your stem cell research progressing smoothly. I very much appreciated you taking time out of your busy schedule at the UC Genetic Conference last March to meet me. I found our discussion most informative.

This October, my advanced cellular biochemistry students will begin a one-year study of stem cells. As you are the leading authority in stem cell matters, I would like to ask you to address my students as a guest lecturer.

I am scheduled to attend a meeting in New York, so the best possible dates for your lecture would be October 22-27, October 30, or November 2. However, I am willing to change my schedule to accommodate whenever you might be available.

During your time at UC Mooney, I will be happy to do the following:
-reserve your hotel
-make all flight reservations
-pick you up at the airport
-cover all expenses
-prepare any and all materials you may need

Thank you for your consideration.
Sincerely,
Anthony Gilbert
Professor of Biochemistry, UC Mooney, Visalia, CA

July 29

Professor Gilbert,

Thank you for your e-mail. I also enjoyed the UC Genetic Conference in San Francisco.

I will be happy to help you. The best days for me to travel to Visalia are either October 5 or October 23. I can stay for two days either time. I also ask that I be able to bring my son as he is assisting me with my current research. He would also contribute to the lecture. I look forward to working with you on this. Please let me know your preferred date as soon as possible. Thanks again.

Marlin David
Head of Research, The Allan Institute of Science, Chicago

40. What does Professor Gilbert want Dr. David to do?
    (A) Talk to his students
    (B) Meet him at a conference
    (C) Help him with research
    (D) Co-write a research paper   Ⓐ Ⓑ Ⓒ Ⓓ

41. Where did Professor Gilbert and Dr. David meet?
    (A) Chicago
    (B) Visalia
    (C) New York
    (D) San Francisco   Ⓐ Ⓑ Ⓒ Ⓓ

42. What is mentioned about Professor Gilbert?
    (A) He gave a presentation at the UC Genetic Conference.
    (B) He used to work in The Allan Institute of Science.
    (C) He is going to meet Dr. David at the airport.
    (D) He is a leading researcher on stem cells.   Ⓐ Ⓑ Ⓒ Ⓓ

43. What is Dr. David's special request?
    (A) To stay in a particular hotel
    (B) To take a family member with him
    (C) To go sightseeing on the last day
    (D) To get help with research funding   Ⓐ Ⓑ Ⓒ Ⓓ

44. When is the lecture likely to be given?
    (A) July 31
    (B) September 4
    (C) October 24
    (D) November 1   Ⓐ Ⓑ Ⓒ Ⓓ

Questions 45-49 refer to the following memorandum, list and form.

MEMORANDUM

To: All Star X Employees **From:** Daniel Chenal, CEO
Subject: Repayment of Moving Expenses **Date:** August 26

Effective <u>October 1</u>, there will be a change in company policy concerning reimbursement for expenses relating to employee transfers.

•When transferring to another office, if you wish to receive compensation for moving-related costs, you MUST utilize only moving companies with which Star X has contracts. Any moving cost incurred by the employee while using a non-contracted moving company WILL NOT be reimbursed by Star X.
(First-year employees are not eligible for compensation.)

•A list of contracted moving companies by world region can be found on our Web site (http://www.starx.com/10108).

•To receive your transfer reimbursement upon moving, submit all moving-related receipts along with **Transfer Form STX82644** to the supervisor at your <u>NEW</u> office within 90 days of completing your relocation.

< #10108 >

Region	Movers	Head Office	Web site (http://www.~)
Americas	Top Movers	Los Angeles	topmovers.com
Europe	TPR Moving	Paris	safemoveTPR.com
Asia	Asian Mobility	Hong Kong	Asmobility.com
Africa	IntlRelocation	Johannesburg	intlrelocate.com

Request for Moving Expense Reimbursement   form #STX82644-1

Employee Name: __Roy Watson__   Moving Date: __January 15__

Moving expense : __US $5,350.- (Details are attached)__

Mover: __IntlRelocation__   approved by   __Don Frank__

212

45. What is the purpose of the memorandum?
    (A) To promote Internet use
    (B) To declare a new policy
    (C) To announce a personnel change
    (D) To advertise movers

46. Why are employees advised to visit a Web site?
    (A) To find out about moving companies
    (B) To get information on new assignments
    (C) To apply for a new position
    (D) To get moving expenses refunded

47. Where will Mr. Watson most likely work?
    (A) In Los Angeles
    (B) In Paris
    (C) In Johannesburg
    (D) Hong Kong

48. What is suggested about Mr. Watson?
    (A) He has a family.
    (B) He lost some receipts.
    (C) He previously worked for Asian Mobility.
    (D) He has been with Star X for more than one year.

49. Who most likely is Mr. Frank?
    (A) A branch manager
    (B) A mover
    (C) An accountant
    (D) A contractor

リーディング・セクション ミニ模擬テスト 解答と解説

Part 5 解答・解説と訳

指示文の訳 指示：各文の下の選択肢から最適な語句を選んで空所を埋めなさい。

1. 正解 (B) 名詞の前には所有格

解説 代名詞の格の問題です。空所の直後の名詞、efforts（努力）に続く形は所有格の (B) his が適切です。 ☜ 技3 P. 27

訳 カルヴィン氏の前の顧客は、いかに彼の努力に感謝していたかを伝えるためにいまだに連絡してくる。

　　(A) 彼は　(B) 彼の　(C) 彼に（を）　(D) 彼自身

2. 正解 (C) 助動詞の後は原形

解説 空所の前後はwe will finally ------- able to となっているので、助動詞willの後に来るのにふさわしい、原形の (C) be が正解。 ☜ 技6 P. 49

訳 この求人広告で、ようやくこの仕事に適した人材を見つけられると思います。

3. 正解 (A) 補語には形容詞

解説 品詞の問題です。are not currently -------, のcurrently（現在）は副詞なので、空所には補語になる形容詞 (A) available が入ります。 ☜ 技9 P. 73

訳 私たちが注文した部品は現在入手できないので、しばらく待たねばならない。

　　(A) 形 入手可能な　　　(B) 名 入手できること
　　(C) 名 動 効力（がある）　(D) 副 入手可能で

4. 正解 (A) bothはandとセット

解説 空所の後ろにandがあるので、組み合わせが可能なのは (A) both（両方とも）と (C) between（…の間に）。意味が通るのは(A)です。 ☜ 技21 P. 155

訳 フェア社では、昇進の機会は男女の従業員どちらにも平等に与えられる。

5. 正解 (C) 後ろに名詞があれば、名詞でなく動名詞

解説 前置詞forの後なので、(C) developing と (D) development が候補になりますが、空所の後のa skilled workforce（技術力のある労働力）を目的語として続けることができるのは動名詞(C)です。 ☜ 技14 P. 111

訳 次回のセミナーでは、元リーベイ社CEOのスペイダー氏が技術力のある労働力を育て

るための5つの秘けつを伝授してくださいます。

(A) 動 開発する　(B) 動 開発した　(C) 動名詞 開発すること　(D) 名 開発

6. 正解 (D) 直後に名詞があれば受動態は×

解説 you ------- itの空所には動詞が必要なので、(A) handed、(C) are handed、(D) handが候補となります。文の前半の動詞should makeは「〜するべきだ」という現在・未来のことを表すので、過去形の(A)は不適切です。空所の直後に代名詞it（それを）が続いているので、受動態は不可。能動態(D)が正解となります。
👉 技5 P. 43、技7 P. 54、技8 P. 59

訳 経理部に提出する前に、それぞれの書類のコピーを取っておくべきだ。

7. 正解 (C) the ------- 前置詞　の空所には名詞

解説 品詞の問題なので、まず空所の前後だけ見てみましょう。the ------- of の空所には、名詞の(C)が入ります。ちなみに名詞で用いられるときは、「ユース」というようにsの音は濁りません。👉 技1 P. 20

訳 政府は、医療現場でのテクノロジー利用を向上させるため、9億ドルの助成金を提供することを決定した。

(A) 形 役に立つ　(B) 動 使った　(C) 名 利用　(D) 副 役立って

8. 正解 (A) 形容詞の前には副詞

解説 a ------- impossible goal（…不可能なゴール）の空所には形容詞impossibleを修飾する副詞 (A) nearly（ほとんど）が適切。👉 技10 P. 77

訳 ひと月で10台以上の車を売ることは、新人営業担当者にはほとんど不可能な目標だ。

9. 正解 (B) 後ろにthanがあれば比較級

解説 空所の後ろにthanがあり、前に比較級が1つもないので、空所には比較級の (B) safer（より安全な）が入ります。👉 技16 P. 129、👉 技17 P. 133

訳 新型消火器に付いている防護キャップのおかげで、旧型よりずっと安全になっている。

10. 正解 (D) 人を表す名詞の後にはwho

解説 空所の前にthe executiveがあるので、名詞の後には選べない (C) what は真っ先に外れます。executive（重役）は「人」なので、(D) who が正解です。
👉 技22 P. 167、👉 技23 P. 171

訳 ブロンソン氏は雇用担当の重役に紹介された。

11. 正解 (A) 複数形の前にはmuch・littleは×　否定文にfewは×

解説 数量形容詞が並んでいるので空所直後の名詞に注目すると、new contracts（新規契約）が複数形になっているので、(A) many（多くの）か (B) few（ほとんどない）が残ります。前にnotがあるので、否定語の(B)が外れて(A)が正解です。

👉 技2 P. 24、技11 P. 88

訳 これまでのところ、今年度は新規契約がほとんどないので、新製品からの販売収益は低いと予想されている。

12. 正解 (C) as ------- asの空所には副詞もアリ

解説 as ～ asの形を見るとすぐに形容詞(A)を選びがちですが、副詞の可能性もあります。as ------- as possible.を外して骨格だけを考えるとThe representative explained the functions -------.（担当者は機能を説明した）なので、「どんな風に説明したか」と動詞を修飾する(C)の副詞が適切です。👉 技18 P. 137

訳 その携帯電話の営業担当者は新機能をできる限り分かりやすく説明した。

13. 正解 (C) 後ろにS+Vがあればdespiteは×

解説 まず (D) But はPart 5では文頭に選ばないので×。空所の後ろに節が来ているので前置詞の (B) Despite も不可。この文の意味を大きくとらえると、「競合他社は売り上げが落ちている」「イエスヒアー社は良い」の2つから構成されています。これらを結べるのは接続詞の (C) Although です。👉 技20 P. 154

訳 競合他社のほとんどが昨年より悪い売り上げを記録しているにもかかわらず、イエスヒアー社は過去最高の年間利益を享受している。

(A) 接 もし　(B) 前 にもかかわらず　(C) 接 にもかかわらず　(D) 接 しかし

14. 正解 (B) 後ろに完全な形が続いていれば what / which は×

解説 空所の後ろには節が来ているので前置詞 (D) of は不可。空所の後ろに主語や目的語の欠落がないので (A) what、(C) which ではなく、(B) how が正解です。👉 技12 P. 93

訳 その会社がそんな短期間に再建目標をどう達成したか、出席者全員が知りたがった。

15. 正解 (D) 主語は文の最初に出てくる名詞

解説 主語はevils（害）という複数名詞で、動詞know（知っている）との関係を考えると受動態が適切です。主語が複数なので (B) is known は外れ、(D) have been known が正解となります。👉 技5 P. 43、技8 P. 59

訳 そのウイルスの害は、長年多くのコンピューターユーザーに知られてきた。

Part 6 解答・解説と訳

指示文の訳 指示：下の選択肢から最適な語句を選んで空所を埋めなさい。

16. 正解 (A) Part 6の時制は文脈で決める

解説 選択肢から、動詞 land（確保する、着地する）の時制が問われていることが分かります。後ろの which 以下は現在完了形で「その仕事は刺激的で楽しいと分かった」と述べています。仕事を得たのは過去のことなので、過去形の(A)が正解です。　← 技7 P. 54

17. 正解 (B) despite の後に節(S + V)は続かない

解説 空所の前後に節(主語と動詞)があるので、接続詞の (B) but と (D) because が正解候補となります。「それぞれの仕事の性質は違う」、「それぞれに紹介状が必要」をつなぐには、「しかし」の(B)が適切です。　← 技20 P. 154

訳 (A) 前 ～にもかかわらず　(B) 接 しかし　(C) 副 ～さえ　(D) 接 なので

18. 正解 (C)

解説 空所の前で紹介状が必要と述べ、後ろで「もし書くのに同意してくれるなら」と言っているので、就職のためのサポートを求めている(C)が適切です。

訳 (A) あなたはその仕事に応募することにご興味はないでしょうか？
(B) それらの会社の詳細を送ってください。
(C) そこで、私の応募にあなたのサポートをいただけるとありがたく存じます。
(D) 加えて、あなたはプレゼンテーションの話題を選ぶことができます。

19. 正解 (D) 「感謝する理由」は for で導く

解説 thank（感謝する）の理由は (D) for で表します。　← 技19 P. 149

問題文の訳 問題16から19は次のEメールに関するものです。

アリス様
こんにちは！ お元気ですか。本日は、大切なお願いがあってお便りしました。
ご存じのとおり、私は非営利団体の語学クラスの講師の仕事を得ました。刺激的で楽しくはあるのですが、そろそろもっと安定した仕事を確保すべき時期です。
現在いくつかの会社に応募中です。それぞれの仕事は内容は違いますが、まもなく各社に紹介状が必要になると思います。そこで、応募のためにあなたのサポートをいただけるとありがたく存じます。
もし、私のために一筆書くことを了承していただけるなら、次のメールで追加情報をお送りします。お時間を割いてご検討いただき、大変感謝しております。
敬具／ブライアン

解答・解説と訳

20. 正解 (A) 人が主語ならpleased

解説 品詞の問題です。be動詞の後なので、補語になる形容詞の (A) pleased と (C) pleasant が残りますが、主語はweで「人」なので、「人は喜ばされている」という受け身の形の(A)が正解です。(C)は「物事」が主語になります。(B)は「私たち」＝「喜び」ということになるので不適切です 👉 技15 P. 117

訳 (A) 形 喜んでいる　(B) 名 喜び　(C) 形 心地よい　(D) 動 喜ばせる

21. 正解 (C) 異なった代名詞が並んでいたら指しているものを探す

解説 誰の「現在のオフィス」か考えましょう。このお知らせを書いている会社のオフィス＝私たちのオフィスなので、(C) our が正解となります。 👉 技4 P. 33

22. 正解 (D) Part 6の時制は前後の文脈で決める

解説 まず、主語がweなので三人称単数の-sが付いている (A) continues は外せます。空所の後で「その移転の間は」と言っていますが、文書の1文目で「移転はこれから先のこと」と述べていたので、未来形の(D)が正解です。 👉 技7 P. 54

23. 正解 (B)

解説 直前で「不便はないはず」と言っているので(A)は不適切です。(C)は言及がありません。移転が決まっているのに「事務所を探している」(D)も不自然なので、(B)が残ります。

訳 (A) ご不便をお掛けして本当に申し訳ありません。
(B) 新オフィスで皆様をお迎えできることを楽しみにしております。
(C) 新しい仕事については私たちに連絡してください。
(D) 新しいオフィスを探しているところです。

問題文の訳 問題20から23は次のお知らせに関するものです。

ダイナミック投資コンサルティング

移転のお知らせ
大切な顧客の皆様へ
弊社が6月20日、パース市ウェリントン通り195のアーロンビル2階へ移転することをご報告できてうれしく存じます。これで、大幅に向上した環境で、皆様にサービスをご提供できるでしょう。新しいオフィスは弊社の現在の所在地から車でわずか5分の所で、メールアドレス、電話およびファクス番号は変わりません。
移転の間も営業は継続いたしますので、業務に変更や遅延は生じません。
新オフィスで皆様をお迎えできることを楽しみにしております。

Part 7 解答・解説と訳

指示文 指示：次の文章を読んで各質問に答えなさい。

24. 正解 (C) **解説** サーフィン用品の店からのお知らせです。第2段落冒頭の文から、従来の駐車場が閉鎖され、賃借り駐車スペースが利用可能になる旨が述べられているので、(C)が正解です。

訳 このお知らせは何に関するものですか？
(A) サンディエゴでのサーフィン　　(B) 車をレンタルすること
(C) 駐車場の閉鎖　　　　　　　　(D) 波のテスト用プール

25. 正解 (B) **解説** 第2段落後半にCUSTOMERS please park on SUN DRIVE.（お客様はサン大通りに駐車をお願いします）と、命令文の丁寧な形で指示があるので、(B)が正解です。

訳 顧客はどこに車を駐車できますか？
(A) 東側駐車場　　　　(B) サン大通り
(C) ビーチ通り　　　　(D) オーシャンサイド大通り

26. 正解 (B) **解説** 第2段落中盤に、We will be renting ... April 25.（4月25日から賃借りする）とあり、(B)が選べます。設問のrented（賃借りされた）は過去分詞で、名詞spaceを修飾しています。

訳 賃借り駐車スペースはいつ利用できるようになりますか？
(A) 4月24日　(B) 4月25日　(C) 4月26日　(D) 4月27日

問題文の訳 問題24から26は次のお知らせに関するものです。

お知らせ

　お客様のニーズにより良く応えるべくサーフ・ビヨンドが行っております継続的な努力のため、現在進行中の建設プロジェクト期間にお掛けするご不便について何卒ご了承ください。

　ご購入前に当店のサーフボードをさらにしっかり試すことのできる新設の波のプール施設用地を確保するため、東側駐車場は4月27日から永続的に閉鎖いたします。当店は4月25日よりサンディエゴ市から駐車スペースを借りる予定になっております。お客様はサン大通りに駐車をお願いします。配達車はビーチ通り、従業員はオーシャンサイド大通りに駐車してください。

　このたびのご協力とご理解に感謝いたします。
アリエル・スティーブンス、サーフ・ビヨンド最高経営責任者

解答・解説と訳

27. 正解 (C) **解説** 第2文で「新しいデザインやスタイルを推進している」と述べています。自社製品のファッションショーのモデルを募集していると推測されるので、(C)が正解です。

訳 デュッチーニ社はどのような業界に属していますか?
(A) 旅行　(B) ショービジネス　(C) アパレル　(D) 広告

28. 正解 (A) **解説** 箇条書きの部分で触れられていない(A)が正解です。

訳 この仕事に求められて**いない**ものは何ですか?
(A) コミュニケーションスキル　　(B) 仕事の経験
(C) 魅力的な外見　　　　　　　　(D) デザインの知識

29. 正解 (D) **解説** 最後のe-mail your resume ... の部分を言い換えているのは(D)。

訳 この仕事に応募するにはどうすればいいですか?
(A) 会社のオフィスに行く　　　　(B) デュッチーニのウェブサイトを見る
(C) オーディションに参加する　　(D) 職歴と写真をメールする

問題文の訳 問題27から29は次のウェブページに関するものです。

ホーム	店舗	デザイナー	DUCCINIの求人	セール

デュッチーニ社は来たるツアーのためにモデルを募集しています。
弊社は新しいデザインとスタイルを独特の個性で絶えず推進する、業界のパイオニアであり、リーダーです。デュッチーニの花道を飾ることは、キャリアを大きく飛躍させます。

採用に至る候補者はこれらの基準を満たすことが求められます:
➢ 最低6カ月の業界での経験
➢ 優秀な成績での大学レベルのデザインコース修了
➢ 最先端かつ優雅で時代を超えた外見
➢ 有効なパスポート

応募の際は、送付状付きで履歴書と写真ファイルを主任振付師クリストフ・ジェレミー chjr@duccini.comあてにメールでお送りください。
合格者にのみ連絡をします。

解答・解説と訳

30. 正解 (A) 解説 booth(ブース)、in line(列になって)、test drive(試乗)などから、(A)の展示会にいる可能性が最も高いと言えます。

訳 彼らはどこにいる可能性が最も高いですか?
(A) 展示会に (B) ガイド付ツアーに (C) 会議場に (D) 劇場に

31. 正解 (B) 解説 「試乗をするか?」と聞かれて、「そうは思わない」と答えているので、test driveをinteractive activityで言い換えている(B)が正解です。

訳 10時37分にノリス氏が"I don't think so."と書いたのは、おそらく何を意味していますか?
(A) 長く待っても構わない。　　　　　(B) その体験型アクティビティはしない。
(C) ほかの人たちの居場所を知らない。　(D) プリンス自動車のブースに興味がない。

問題文の訳 問題30から31は次のメッセージのやりとりに関するものです。

ディーン・ノリス　　　　10:30
今どこ?

ジェシー・ホワイト　　　10:31
プリンス自動車のブース。試乗の順番待ちしてる。

ディーン・ノリス　　　　10:32
それやりたかったんだ!　列長い?

ジェシー・ホワイト　　　10:34
実は30分待ってる。君もやる?

ディーン・ノリス　　　　10:37
やめとくよ。ほかのみんなはどこかな?　ケビンは僕と一緒にここのプライドモータースのブースさ。本当にすごいよ。

ジェシー・ホワイト　　　10:40
それは行かなくちゃ。ほかのみんなのことは分からないよ。とにかく、12時半にゲート隣の食堂に集合だよね?

ディーン・ノリス　　　　10:41
その通り!　じゃあそこでね。

解答・解説と訳

32. **正解 (B)** 解説 第2段落冒頭で「キャンペーンを提案する」と述べ、文書の最後でそのアイデアをプレゼンテーションすると言っているので、(B)が最適です。

訳 なぜこのメモは書かれたのですか?
(A) プロジェクトの立ち上げを発表するため
(B) マーケティングのアイデアを提示するため
(C) 新しい取引先を紹介するため
(D) 演劇の配役を目的に俳優に声を掛けるため

33. **正解 (C)** 解説 本文3行目にhit theaters(劇場公開される)、第2段落の最終行にthe film's opening(映画の公開)という表現があるので、(C)が最適です。

訳 何が宣伝されようとしていますか?
(A) 書籍　(B) 演劇　(C) 映画　(D) テレビドラマ

34. **正解 (D)** 解説 解くのに時間がかかるため、**時間が苦しいときは解かずに次に進んだ方がいいタイプの問題**です。各選択肢を本文と照合していくと、(A)の2大スターの話は冒頭にも中盤にも出てきます。(B)は下段の宣伝プランが成功する理由の4、(C)は2の言い換えなので、どこにも言及のない(D)が正解です。ちなみに2の文は assure that の that が名詞節を導く接続詞、that 以下はthoseが主語、will learnがその動詞となっています。most likely to have interest(最も興味を持ちそうな)はthoseを修飾しています。

訳 メモで述べられて**いない**ことは何ですか?
(A) 2大スターの出演　　　　(B) 対象グループの習慣
(C) キャンペーンの地理的戦略　(D) イベント開催場所の利便性

35. **正解 (A)** 解説 メモの末尾で「Eagle Picturesの重役陣にこの宣伝プランをプレゼンテーションする」と述べているので、Eagle Picturesが顧客、すなわちこの映画の制作側だと示唆しています。

訳 『LAサンセット』について示唆されていることは何ですか?
(A) Eagle Picturesによって制作された。
(B) 主な舞台はファストフード店である。
(C) インターネットで入手可能である。
(D) ジョン・ダグラスによってプロデュースされた。

問題文の訳 問題32から35は次のメモに関するものです。

イング広告

企画部員各位

メモ

ライアン・フィールドの新作スリラー、『LAサンセット』は、ロサンゼルス海岸地区でのミステリアスな犯罪を解決しようとする（ライアン・フィールド演じる）ジェイク・ローレンスと、（エリカ・マテソン演じる）キャリー・ミルズを中心に展開し、このクリスマスに劇場公開されます。

<u>私は次の宣伝キャンペーンを提案いたします：</u>

- 10月にロサンゼルスで広告開始、12月までに全土へと拡大する。
- 主要対象グループ：18歳から35歳
  このグループの男女はフィールドとマテソンの魅力、強さ、名声の組み合わせを好んでいる。
- 高速道路と地下鉄の看板、インターネット、ファストフードチェーンを活用。
- 『LAサンセット』グッズを賞品とするコンテストで話題を呼ぶかもしれない。
  特賞：映画の初日イベントに合わせたハリウッド旅行

<u>成功するという根拠：</u>

1. ライアン・フィールドとエリカ・マテソン
2. 最初の焦点をロサンゼルスに絞ることで、最も興味を持ちそうな人々が1番最初にこの映画について知ることが確実となる。
3. 2人の大スターに会えるチャンスは、映画ファンの夢である。
4. 対象グループはインターネットの使用率が最も高く、またファストフードを最もよく食べる。

私はこれらのアイデアをイーグル・ピクチャーズの重役会にてプレゼンテーションしたいと考えております。よろしくお願いします。

ジョン・ダグラス、マーケティング担当責任者

要チェック！語句

- solve／解決する
- ad／広告
- buzz／話題、騒ぎ
- present／提案する
- suggest／提案する、示唆する
- expand／拡大する
- initial／初めの
- executive board／重役会
- aged ...／…歳の
- assure／確信させる

解答・解説と訳

36. 正解 (B) 解説 記事は、冒頭でテーマを手短に示し、その後詳細を述べていく展開になります。この記事も冒頭で述べられている2社の合併がテーマ。combining（結合させる）をjoiningと言い換えている**(B)**が正解です。

訳 この記事は主に何についてのものですか？
(A) 新しいレシピの開発　　　(B) 2つの会社の合併
(C) 新しいマネジャーの昇進　(D) 大企業の経営

37. 正解 (A) 解説 moveには「移動する」、「引っ越しする」、「感動させる」などの意味がありますが、ここでは「ポストに就く」というニュアンスで使われているので、「（仕事などを）引き受ける」の意味でも使える**(A)**が正解です。

訳 8行目の move into に最も意味が近いのは
(A) 引き受ける　(B) 移転する　(C) 作用する　(D) 操業する

38. 正解 (A) 解説 第2段落の前半でパーフェクト・パイズ社の強みが述べられています。受動態 is known to pizza enthusiasts ... for ～（ピザ愛好家に～で知られている）の後にingredientsとcheeseがあるので、**(A)**が正解です。knowの受動態の行為者を表すには前置詞byではなくtoを用います。

訳 パーフェクト・パイズ社の製品をそんなにも人気のあるものにしているのは何ですか？
(A) 食材とチーズ　　　　　　(B) 特別なクラスト
(C) クーポン券による販促　　(D) イタリアの伝統

39. 正解 (D) 解説 スターピザが有名な理由を挙げているので、合併相手のパーフェクト・パイズ社が有名な理由を挙げている文と並ぶ [4] に入るのが適切です。

訳 以下の文は、[1]、[2]、[3]、[4]と記された位置のどこに入るのが最適ですか？
「スター・ピザ社は独特のイタリア風味と、パリッとした食感を生み出すクラストの秘伝レシピで有名だ」

問題文の訳 問題36から39は次の記事に関するものです。

バリータイムズ

―ピザファンに完ぺきな取り合わせ―
ケレン・レイン記者

(ニューヨーク)スター・ピザ社とパーフェクト・パイズ社は、この両大手ピザ会社が1月1日付けで合併し、前例のないパワーと可能性のパートナーシップを形成することを明日発表する予定だ。資産価値が少なくとも20億ドルと見積もられるその新会社はスター・パーフェクト・ピザ・エンタープライゼズという社名になる。現スター・ピザ社CEOのリサ・ファガッジが日々の会社運営を担当する一方、パーフェクト・パイズ社CEOのエドワード・デュメロが新会社の最高財務責任者の座に就く。

スター・ピザ社は、独特のイタリア風味と、パリッとした食感を生み出すクラストの秘伝レシピで有名だ。パーフェクト・パイズ社は、シチリアの家庭料理レシピに基づいた、食材と特製モッツァレラ・チーズの風味豊かな組み合わせで、全米のピザ愛好家たちに知られている。スター・パーフェクト社は、スター・ピザ、パーフェクト・パイズのそれぞれのピザのスタイルのメニューを維持しつつ、両社のメニューの最高の特徴を組み合わせた新しいピザも生み出す予定だ。

要チェック！語句

- force／力
- unprecedented／前例のない
- estimate／見積もる
- at least／少なくとも
- role／役割
- throughout／…中至る所に
- ingredient／食材・原料
- feature／特徴
- effective／有効な
- potential／可能性
- value／価値
- current／現在の
- enthusiast／情熱家・愛好家
- savory／風味の良い
- respectively／それぞれ
- crispness／パリッとしていること

解答・解説と訳

40. 正解 (A) 解説 ギルバート教授は最初のメールの送信者です。その第2段落で講義をしてもらいたいと述べているので、(A)が正解です。

訳 ギルバート教授はデービッド博士に何をしてもらいたがっていますか？
(A) 彼の生徒に話をする (B) 会議で教授と会う
(C) 研究を助ける (D) 研究論文を共著する

41. 正解 (D) 解説 両文書の情報の照合が必要な問題。上のメールで遺伝子会議で会ったと分かり、下のメールで会議の開催場所がサンフランシスコだと分かります。

訳 ギルバート教授とデービッド博士はどこで出会いましたか？
(A) シカゴ (B) ヴァイサリア (C) ニューヨーク (D) サンフランシスコ

42. 正解 (C) 解説 上のメールの後半で列挙されている中の3つ目、pick you up at the airportの言い換えとなる(C)が正解です。

訳 ギルバート教授に関して何が言及されていますか？
(A) 彼はカリフォルニア大学遺伝子会議でプレゼンテーションをした。
(B) 彼はかつてアラン科学研究所で働いていた。
(C) 彼はデービッド博士を空港まで迎えにいくつもりだ。
(D) 彼は幹細胞研究の第一人者である。

43. 正解 (B) 解説 下のメールの本文3行目で息子の同伴について書いています。

訳 デービッド博士の特別な要望は何ですか？
(A) 特定のホテルに滞在する (B) 彼の家族を連れてくる
(C) 最終日に観光する (D) 研究費の補助を得る

44. 正解 (C) 解説 デービッド博士は10月5日か23日から2日間、ギルバート教授は10月22〜27日か30日、または11月2日が都合がいいと述べているので、重なっている日程は(C)のみです。

訳 講義はいつ行われそうですか？
(A) 7月31日 (B) 9月4日 (C) 10月24日 (D) 11月1日

問題文の訳 問題40から44は次のEメールに関するものです。

送信者：アンソニー・ギルバート　<agilbert@ucmooney.edu>
宛先　：マーリン・デービッド　<mdavid1@allaninstitue.org>
件名　：講義依頼　　　　日付：7月28日

デービッド博士

こんにちは。お元気で幹細胞の研究を順調に進めていらっしゃることと存じます。この前の3月のカリフォルニア大学遺伝子会議では、お忙しい中、私と会う時間を取っていただき誠にありがとうございました。お話は大変参考になりました。

この10月、私の上級細胞生化学の生徒たちは1年間の幹細胞の研究を始めます。そこで、幹細胞関連の第一人者でいらっしゃる先生に、ゲスト講師として生徒たちに講義をお願いしたい次第です。

ニューヨークの会議に出る予定があるので、あなたの講義に最も都合の良い日程は、10月22日から27日、10月30日もしくは11月2日です。しかしながら、先生のご都合に合わせていつでも喜んでスケジュールを調整いたします。

　　カリフォルニア大学ムーニー校にご滞在中は、次のことをさせていただきます：
　　- ホテル予約／- すべての飛行機の手配／- 空港へのお出迎え
　　- すべての費用の負担／- ご入り用になるあらゆる教材の準備

ご検討よろしくお願いいたします。／敬具
アンソニー・ギルバート
カリフォルニア州ヴァイサリア カリフォルニア大学ムーニー校 生化学教授

7月29日／ギルバート教授

Eメールをありがとうございます。私もサンフランシスコのカリフォルニア大学遺伝子会議を楽しみました。

喜んでお手伝いさせていただきます。ヴァイサリアへ行くのに最も都合の良い日程は10月5日か23日です。どちらの日程でも2日間滞在できます。また、息子も私の現在の研究を手伝っているので、同伴させていただけるようお願いいたします。彼も講義を手伝ってくれるでしょう。この件でご一緒できるのを楽しみにしております。ご都合のいい日程をなるべく早くご連絡ください。重ねて感謝いたします。
マーリン・デービッド／シカゴ・アラン科学研究所 主任研究員

要チェック！語句

trust／信頼する	stem cell／幹細胞	progress／進歩する
UC／カリフォルニア大学	authority／権威	address／演説する

解答・解説と訳

45. 正解 (B) **解説** メモの冒頭に払い戻し規定の変更とあります。

訳 このメモの目的は何ですか？
(A) インターネットの利用を促進すること
(B) 新しい方針を宣言すること
(C) 人事異動を発表すること
(D) 引っ越し業者を宣伝すること

46. 正解 (A) **解説** メモの箇条書き部分の第2項目で、引っ越し業者のリストがサイトで見られると述べています。

訳 なぜ社員はウェブサイトを見るよう勧められていますか？
(A) 引っ越し業者について調べるため
(B) 新しい任務について知るため
(C) 新しい仕事に応募するため
(D) 引っ越し費用を払い戻してもらうため

47. 正解 (C) **解説** 払い戻し請求書にあるインテリリロケーションは、表を見るとアフリカ向け転勤用の会社なので、選択肢の中で最も可能性が高いのは(C)です。

訳 ワトソン氏はどこで働く可能性が最も高いですか？
(A) ロサンゼルスで　(B) パリで　(C) ヨハネスブルクで　(D) 香港で

48. 正解 (D) **解説** メモの最初の項目の末尾に、入社1年目の社員には補償がないとあるので、費用を請求しているワトソン氏は入社後1年以上経過していると推測できます。

訳 ワトソン氏について何が示唆されていますか？
(A) 家族がいる。
(B) 領収書を数枚紛失した。
(C) 以前エイジャンモビリティで働いていた。
(D) スター・エックス社に1年以上在籍している。

49. 正解 (A) **解説** メモの最後の項目に、払い戻し請求書を赴任先の上司に提出するよう指示があり、請求書の承認者がフランク氏であることから、(A)である可能性が最も高いと言えます。

訳 フランク氏はどんな人である可能性が最も高いですか？
(A) 支店長　(B) 引っ越し業者　(C) 会計士　(D) 請負業者

問題文の訳 問題45から49は次のメモ、リスト、書式に関するものです。

メモ

宛先：スター・エックス社員各位　　　発信者：ダニエル・シェナル、CEO
件名：引っ越し費用の払い戻し　　　　日付：8月26日

10月1日発効で、従業員の転勤に伴う費用の還付に関する社内規定の変更が行われます。

・別事業所への転勤時、引っ越し関連の費用の償還を希望するなら、スター・エックス社と契約している引っ越し業者のみを使わなければならない。非提携の引っ越し業者を利用した従業員が負担したいかなる引っ越し費用も、スター・エックス社によって還付はされない（入社1年目の社員は補償対象外）。

・提携引っ越し業者の地域別リストは会社のサイトで見られる。(http://www.starx.com/10108)

・転勤後に還付を受けるには、引っ越し関連の全領収書を転勤関連書式STX82644に添えて、引っ越し完了後90日以内に転勤先の事業所の上司に提出すること。

<#10108>

地域	引っ越し業者	本部	ウェブサイト (http://www.~)
南北アメリカ	トップムーバーズ	ロサンゼルス	topmovers.com
ヨーロッパ	TPRムービング	パリ	safemoveTPR.com
アジア	エイジャンモビリティ	香港	Asmobility.com
アフリカ	インテルリロケーション	ヨハネスブルク	intlrelocate.com

引っ越し費用払い戻し請求書　　　　　　書式#STX82644-1

従業員名：ロイ・ワトソン　　　移動日：1月15日
引っ越し費用：5,350米ドル（詳細添付）
引っ越し業者：インテルリロケーション　　承認者署名：ドン・フランク

ダウンロードコンテンツのご案内

本書には以下の特典ダウンロード音声があります。学習を終えたら、空き時間に聞いてみましょう（ナレーション：Jack Merluzzi）。

1. ウォーミングアップ!の単語

1〜8の各章冒頭のウォーミングアップに登場する単語の音声を読み上げています。

ファイル名／トラック名
01_1_名詞と代名詞_ウォーミングアップ!
02_2_動詞_ウォーミングアップ!
03_3_形容詞と副詞_ウォーミングアップ!
04_4_さまざまな文_ウォーミングアップ!
05_5_準動詞_ウォーミングアップ!
06_6_比較_ウォーミングアップ!
07_7_前置詞と接続詞_ウォーミングアップ!
08_8_関係代名詞_ウォーミングアップ!

2. 実践問題とミニ模試のPart 5正解文

1〜8の各章末尾の「実践問題」と、本書巻末の「リーディング・セクション ミニ模擬テスト」のPart 5の問題文を、正解の選択肢を入れた形で読み上げています。

ファイル名／トラック名
09_1_名詞と代名詞_実践問題_Part 5
10_2_動詞_実践問題_Part 5
11_3_形容詞と副詞_実践問題_Part 5
12_4_さまざまな文_実践問題_Part 5
13_5_準動詞_実践問題_Part 5
14_6_比較_実践問題_Part 5
15_7_前置詞と接続詞_実践問題_Part 5
16_8_関係代名詞_実践問題_Part 5
17_ミニ模擬テスト_Part 5

上記の特典は以下のURLからダウンロードすることができます（要登録）。

アルク・ダウンロードセンター：https://portal-dlc.alc.co.jp/

※サービスの内容は予告なく変更されることがあります。
※スマートフォンで特典を利用できるアプリ「英語学習booco」もご案内しています。
※ダウンロードセンターで本書を探す際、商品コード（7016041）を利用すると便利です。

EXERCISE 解答集

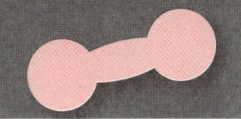

本文中のEXERCISEの解答です。⚠️でポイントを確認しましょう。

1. 名詞と代名詞
❶ 名詞の働きと形

■EXERCISE 1の解答　P. 18
1. company、machines
   （その会社は機械を作っている）
2. workers、chairs
   （従業員たちは大きないすに座っている）
3. employee、French
   （その新入社員はフランス語を上手に話す）

■EXERCISE 2の解答　P. 19
1. importance　2. privacy
3. difficulty　4. decision
5. development　6. technician
7. warmth　8. quietness
9. operation　10. visitor

■EXERCISE 3の解答　P. 20
1. decision
   （カウンセラーは良い決断をした）
2. ability
   （あなたの能力は信じられないぐらいだ）
3. privacy
   （ここならプライバシーが持てる）
4. importance
   （その事実の重要性は誰も否定できない）
5. operation（われわれはさまざまな種類の操業について研究している）

❷ 名詞の種類と名詞に付く言葉

■EXERCISE 4の解答　P. 21
可算名詞　1. trucks　3. feet
　　　　　6. consultants　7. cities
不可算名詞　2・4・5・8

■EXERCISE 5の解答　P. 23
1. ×→several men（数人の男性）
2. ○（いくらかの情報）
3. ×→few companies（ほとんど会社がない）
4. ○（たくさんの雪）
5. ×→many chances（多くのチャンス）
6. ×→all people（すべての人々）

■EXERCISE 6の解答　P. 23
1. an（あるアメリカの会社）
2. a（新聞1部）
3. ×（何台かの車）
   ⚠️ someという数量形容詞がすでに使われている
4. an（ある従業員）
5. ×
   ⚠️「芸術」のような不可算名詞は、特定性を示す修飾語がなければ冠詞が付かない。
   例：the art of the 19th century（19世紀の芸術）
6. a（ある独特のアイデア）
   ⚠️ uniqueの最初の音は子音

■EXERCISE 7の解答　P. 24
1. some（いくつかのミス）
   ⚠️ each の後はいつも単数
2. a（1台の車）
   ⚠️ a lot of が付くのであればvehiclesであるべき
3. any（いくらのお金も）
   ⚠️ every は不可算名詞に付かない
4. an（1軒の事務所）
   ⚠️ a few が付くのであればofficesであるべき
5. a lot of（たくさんの情報）
   ⚠️ informationは不可算名詞なのでanは付かない
6. several（数週間）
   ⚠️ everyは複数形に付かない

231

❸ 代名詞の形と種類

■EXERCISE 8の解答　P. 26
① yours　② yourself　③ himself
（❗hisself ではない!）　④ her
⑤ hers　⑥ its（❗it's ではない!）
⑦ Ken's　⑧ Ken's　⑨ himself
（❗Kenselfではない!）　⑩ us
⑪ yourselves（❗yourselfではない!）
⑫ their　⑬ theirs
⑭ themselves（❗theirselvesではない!）

■EXERCISE 9の解答　P. 28
1. our（青木さんは私たちのマネジャーだ）
　❗名詞の前には所有格
2. herself（そのホテルの客は自分でかばんを運びたがった）
　❗名詞の後に続けられるのは再帰代名詞
3. they（顧客は新製品を気に入ったと言った）
　❗次に動詞が続いているので主格
4. its（その会社はその名前を変更した）
　❗名詞の前には所有格
5. him（ノートン氏は私たちが彼を招待したことに感謝した）
　❗動詞の後ろには目的格(-ingについてはP. 108参照)

❹ 代名詞の指すものとその他の代名詞

■EXERCISE 10の解答　P. 30
1. it　2. he(she)　3. you　4. they
5. it　6. they　7. it　8. he(she)

■EXERCISE 11の解答　P. 31
1. another（また次の荷物を待っています）
　❗直後の名詞shipmentが単数形なので。otherの後に単数形が続くのは、原則として前にanyやnoなど別の数量形容詞が必要。また、ここでanotherは形容詞として用いられている。

2. something（パイロットはエンジンが何か変だと感じた）
　❗it の指すものが前にない
3. each（整備士たちは互いに工具を交換した）
　❗one otherで「お互いに」という表現にはならない

■EXERCISE 12の解答　P. 33
1. their（子供たちは彼らのおもちゃを楽しんでいた）
　❗指しているのはchildren
2. its（電車はその速度を緩め始めた）
　❗指しているのはtrain
3. her（キムさんは彼女の会社を去った）
　❗指しているのは Ms. Kim
4. its（美術館は多くの絵画をその地下室に所蔵している）
　❗指しているのはmuseum
5. him（マネジャーは社員を展示会に連れて行った）
　❗指しているのはmanager

2. 動詞

❶ 述語部分を作るもの

■EXERCISE 13の解答　P. 42
1. are（トムの同僚はめったに仕事に遅刻しない）
2. is（彼らの製品はとても人気がある）
3. need（乗客は搭乗券が必要だ）
4. stops（私たちのフライトはバンクーバーに寄る）
5. have（多くの子供たちがその新しいテレビゲームを持っている）

■EXERCISE 14の解答　P. 44
1. hotel（その巨大ホテルは多くの客を引きつけている）
2. workers（月曜日から、従業員はその食堂を利用できる）
3. machines
　（この工場の機械はかなり新しい）

■EXERCISE 15の解答　P. 44
1. is（この工程には大量の水が必要だ）
   ❗ 主語は不可算名詞water
2. have
   （デューシー夫妻は大きな家を持っている）
   ❗ 主語はMr. and Mrs. Ducey
3. take（この町の人々はバスを利用する）
   ❗ 主語はPeople
4. carry（バスは大勢の乗客を運ぶ）
   ❗ carryingだけでは動詞にならない

❷ 助動詞

■EXERCISE 16の解答　P. 47
1. We should wear caps.
2. Tom can speak French.
3. You may be tired.
4. Workers must not eat by the machine.
5. I will visit the customer.

■EXERCISE 17の解答　P. 49
1. ×　started →start
   （社はキャンペーンを始めるべきだ）
2. ○
   （従業員は来週ボーナスをもらえる）
3. ×　may fine → may be fine
   （明日は晴れるかもしれない）
   ❗ fineは形容詞なのでbe動詞が必要

❸ 時制

■EXERCISE 18の解答　P. 51
1. send / sent / sent
2. hold / held / held
3. find / found / found
4. break / broke / broken
5. choose / chose / chosen
6. bring / brought / brought

■EXERCISE 19の解答　P. 53
1. bought（ケリー氏は去年その車を買った）
2. started（わが社は100年前に創業した）
   ❗ 「100年前」よりさらに前のことを言っているわけではないので、過去完了は不適切
3. will have found（われわれは明日までには答えを見つけているだろう）

■EXERCISE 20の解答　P. 55
1. ×→have been discussing
   （重役たちは3時間議論している）
   ❗ 現在進行形とforは併用しない
2. ×→closed
   （その国はその港を3年前に閉鎖した）
   ❗ three years ago（3年前）が過去の一時点を表すので、現在完了は不可
3. ○（エレベーターが故障したとき、私たちは階段を使った）

❹ 受動態

■EXERCISE 21の解答　P. 57
1. Chemicals are exported by the company.（化学品はその会社によって輸出されている）
2. A party is held by the club members every year.（パーティーは毎年クラブ会員たちによって催されている）

■EXERCISE 22の解答　P. 58
1. Skilled workers must be found promptly.（技術を持った労働者が早急に見つけられなければならない）
2. This song has been sung for a long time.（この歌は長く歌われてきている）
3. The report will be submitted (by them) by next Monday.（リポートは次の月曜日までに提出されるだろう）

■EXERCISE 23の解答　P. 60
1. was placed
　（その注文は12月23日に入った）
2. was promoted
　（オークレー氏は先月昇進した）
3. recommended
　（委員会は1番目のプランを推奨した）

3. 形容詞と副詞
❶ 形容詞
■EXERCISE 24の解答　P. 69
1. busy（忙しい、込んでいる）はroad（道路）を修飾、noisy（騒がしい）は補語。
　（そのにぎやかな通りは騒々しい）
2. popular（人気のある）はactor（俳優）を修飾、sick（病気の）は補語。
　（その人気俳優は病気になった）

■EXERCISE 25の解答　P. 70
1. has（その男性は多くの顧客を持っている）
　❗ 男性 ≠ 多くの顧客（customersはここでは目的語。複数形なのでイコールで結べない）
2. is（ベイカーさんは私の同僚だ）
　❗ ベイカーさん＝同僚（coworkerはここでは補語。「ベイカーさんが私の同僚を持つ」ではおかしい）
3. is（お金は大切だ）
　❗ お金＝重要な（importantは補語）

■EXERCISE 26の解答　P. 71
1. beautiful　2. different
3. useless　4. cloudy
5. believable　6. dependent
7. dangerous　8. capable
9. poetic　10. promotional

■EXERCISE 27の解答　P. 73
1. × → public
　（市庁舎は公共の建物の1つだ）
　❗ publicityは名詞
2. × → important
　（私たちはここに重要文書を置く）
　❗ importanceは名詞
3. ○（交渉はかなりの成功をもたらした）
4. × → different
　（クランストン氏の考えは私たちと異なる）
　❗ differenceは名詞

❷ 副詞
■EXERCISE 28の解答　P. 74
1. extremely（非常に）は形容詞lucky（幸運な）を修飾。
　（わが社の社員は非常に幸運だ）
2. quickly（すぐに）は動詞shipped（出荷した）を修飾。
　（私たちは注文品をすぐに出荷した）

■EXERCISE 29の解答　P. 75
1. fastly → fast
　（その若者はとても速く運転した）
　❗ fastは形容詞も副詞も同じ形。fastlyという言葉は存在しない
2. soon → prompt（すぐの）などの形容詞
　（いつでもあなたの即答を期待している）
　❗ soonは副詞

■EXERCISE 30の解答　P. 77
1. finally
　（私たちはついにキャンペーンを終えた）
　❗ 動詞finishedを修飾するのは副詞
2. questionable
　（そのような疑わしい話を信じる者はいない）
　❗ 名詞storyを修飾するのは形容詞
3. fashionably
　（全商品がおしゃれに陳列されていた）
　❗ be動詞と過去分詞の間には副詞。受動態の動詞を修飾している

■EXERCISE 31の解答　P. 77
1. 名詞（考慮）　2. 形容詞（基礎的な）
3. 動詞（商業化する）
4. 形容詞（希望のない）　5. 動詞（明確にする）
6. 副詞（効果的に）

4. さまざまな文
❶ 否定文と疑問文

■EXERCISE 32の解答　P. 86
1. We <u>do not</u> eat lunch in the office.
（don'tも可）
（私たちはオフィスでは昼食をとらない）
2. The president <u>has not</u> signed the contract yet.（hasn'tも可）
（社長はまだ契約書に署名していない）
3. We <u>hardly</u> know about the case.
（私たちはその事件についてはほとんど知らない）

■EXERCISE 33の解答　P. 87
1. Is the waiter taking an order?
（ウエーターは注文を取っていますか？）
2. Did the customer call us again?
（その顧客はまた電話してきましたか？）
3. Will it be fine tomorrow?
（明日は晴れるでしょうか？）

■EXERCISE 34の解答　P. 88
1. × → Nobody should be late.
（誰も遅れるべきではない）
2. ○（ここでは、ほとんど雨が降らない）
3. × → We had few questions.
（私たちに疑問はほとんどなかった）

❷ 疑問詞で始まる疑問文と間接疑問文

■EXERCISE 35の解答　P. 91
1. Where can the product be stored?
（どこに商品を保管できますか？）
2. What are you looking for?
（何を探しているのですか？）
3. When will the shop have a sale?
（その店はいつセールをするのですか？）
4. Why did you come here?
（なぜここに来たのですか？）
5. How often do you have a meeting?
（どれぐらいの頻度で会議をしますか？）

■EXERCISE 36の解答　P. 92
1. I don't know how much the rent is.
（家賃がいくらか知らない）
2. I don't know where Ray lives.
（レイがどこに住んでいるか知らない）
3. I don't know whether you have finished the work (or not).（あなたが作業を終えたのかどうか知らない）

■EXERCISE 37の解答　P. 94
1. What
（客たちは何について話しているのですか？）
❗ 前置詞aboutの目的語が欠落している
2. How（あなたはどういう風にプロジェクトを手伝ってくれますか？）
❗ 主語がyou、動詞がhelp、その目的語がthe projectで、欠落はない
3. Which（月曜日か火曜日、どちらが都合が良いですか？）
❗ 主語が足りないが、Howは名詞の代わりになる疑問詞ではないので、主語にはなれない
4. where（どこでそのCDを見つけられるかをお知らせしたいと思います）
❗ (　　)の後ろには、主語you、動詞find、その目的語 the CDがあり、欠落はない
5. who（会長は誰を後継者として選んだかを発表するだろう）
❗ (　　)の後の動詞chose（選んだ）の目的語が欠落している

❸ その他の文

■EXERCISE 38の解答　P. 96
1. Please speak slowly.
2. Don't be late.

■EXERCISE 39の解答　P. 96
1. What a nice person you are!
（あなたは何といい人でしょう!）
2. How tough the question was!
（その問題は何と難しかったことか!）

■EXERCISE 40の解答　P. 96
1. have you（あなたはロンドンに行ったことはなかったですよね）
2. didn't he
（ジョンは明かりを消しましたよね）

■EXERCISE 41の解答　P. 98
1. あなたが自分で商品を陳列するということが重要だ。
2. バス停には人が何人かいる。

■EXERCISE 42の解答　P. 99
1. There（テーブルの上に本が2冊ある）
2. It（ジルが会社を辞めるのは悲しい）

5. 準動詞
❶ 不定詞と動名詞

■EXERCISE 43の解答　P. 108
1. 講演者は話し始めた。
2. 客は値引きを受けてうれしかった。
3. ここには見るべきものはない。

■EXERCISE 44の解答　P. 109
1. ×　listen → listening
（ジャックの提案は顧客の話に耳を傾けるということだ）
2. ×　Discussion → Discussing
（販売計画について話し合うことは重要だ）

3. ○（私たちは新車を販促し始めた）

■EXERCISE 45の解答　P. 112
1. to do（…することに同意する）
2. doing（…することを楽しむ）
3. doing（…することを考慮する）
4. to do（…するように見える）
5. to doing（…することを楽しみにする）

❷ 分詞

■EXERCISE 46の解答　P. 114
1. boiling（沸騰しているお湯）
2. standing（壁際に立っている男性）
3. closed（閉じられたドア）
4. taken（サラによって撮られた写真）

■EXERCISE 47の解答　P. 115
1. information「情報は／印刷される」
（私たちには印刷された情報が必要だ）
2. man「男性は／運転する」(車を運転している男性は私たちのガイドです)
　❗ 名詞A ＋ -ing ＋ 名詞Bとなっているときは、前の名詞Aが意味上の主語となるのが原則

■EXERCISE 48の解答　P. 117
1. sent（私たちはオークス氏によって送られてきたメモを読んだ）
2. pleased
（私たちはその知らせを聞いて喜んだ）
3. Located
（海辺にあるので、そのホテルは人気がある）

6. 比較
❶ 3つの級と比較級の表現

■EXERCISE 49の解答　P. 126
1. That company is bigger than this (one / company).

2. Tom understands the process better than John (does).
3. Tom made a longer speech than John (did).

■**EXERCISE 50の解答**　P. 128
1. much
（われわれの機械はこれよりかなり新しい）
2. later（リポートは4日までに提出しなければならない）
3. deep（最上段の引き出しは最下段より浅い）

■**EXERCISE 51の解答**　P. 129
1. worse
（景気は去年よりはるかに悪くなった）
2. busy
（土曜日より、日曜日の方が忙しくない）
3. even（新しいソフトはタスクをよりいっそう速く処理する）

❷ 最上級の表現

■**EXERCISE 52の解答**　P. 130
1. That company is the biggest in this city.
2. Tom understands the process best in his team.
3. Tom made the longest speech in his team.

■**EXERCISE 53の解答**　P. 132
1. hardest
（クラーク氏は彼の部署で最もよく働く）
⚠ in his departmentが範囲を表す表現なので最上級
2. better（ジェシカは今はうんと気分が良くなっているようだ）
⚠ muchはよく比較級を修飾する。この文はthan以下が省略されている

3. best（これは、その作家の最高の作品だ）
⚠ the writer'sという所有格が最上級に付くtheの代わりをしている

■**EXERCISE 54の解答**　P. 133
1. most（3番の質問がテストの中で最も難しかった）
2. more（その顧客はもっと多くの見本を試したがった）
⚠ 範囲を表す語句がないので、the mostは不自然
3. most（チャールズはわれわれの中でそのプロジェクトに最も詳しい）

❸ 同等比較の表現と比較のルール

■**EXERCISE 55の解答**　P. 135
1. That company is as big as this (one / company).
2. Tom visits us as frequently as John does.
⚠ この場合、Johnの後のdoesは省略しない（Johnがusと並ぶ「訪問先」であるという誤解を生むので）
3. Tom makes as much money as John (does).

■**EXERCISE 56の解答**　P. 136
1. those（大阪の家々は東京のそれらと同じぐらい小さい）
⚠ housesを指している
2. did（わが社は他社と同じぐらい迅速に品物を出荷した）
⚠ shippedという一般動詞の代わり
3. possible
（できるだけ素早く仕事を片付けなさい）
⚠ canなら前にyouが必要

■EXERCISE 57の解答　P. 137
1. little（私たちは去年と同様、ほとんどお金を貯められなかった）
　❗ less は比較級なのでas ... asの間には不可
2. fluently（フィリップス氏は英語と同じぐらい流ちょうにフランス語を話す）
　❗ speaksを修飾しているので副詞
3. conveniently（新しい事務所は前のと同じぐらい便利な所にある）
　❗ convenience（便利さ）は名詞なので不可。locatedを修飾している副詞のconvenientlyが適切。

7. 前置詞と接続詞
❶ 前置詞
■EXERCISE 58の解答　P. 145
1. at（ドアの所で）
2. into（川に落ちる）
3. to（会社から駅まで）

■EXERCISE 59の解答　P. 147
1. on（壁に）　2. by（階段の横に）
3. along（海岸に沿って航行する）

■EXERCISE 60の解答　P. 148
1. by（クリスは正午までに戻ってくるだろう）
　❗ come back（戻ってくる）という動作は継続性がない
2. like（クリスは彼の父のようによく働く）
　❗ 前置詞のasの意味は「…として」だけで、「…のように」はない
3. with（クリスは伝言サービスでメッセージを残した）

■EXERCISE 61の解答　P. 149
1. for（その都市は美しい寺院で有名だ）
2. to（私たちは提案書を委員会に提出した）
　❗「提出する先」は方向性を感じさせる

3. between
（その店は花屋と銀行の間にある）
　❗ shopもbankも「沿う」ことができるほど長くない

❷ 接続詞
■EXERCISE 62の解答　P. 151
1. A：句　B：句
（ジャックは何も言わずに部屋を去った）
2. C：句　D：節
（集客のために、私たちは月に一度セールをする）

■EXERCISE 63の解答　P. 153
1. …かどうか、…であろうとなかろうと
2. …するまで
3. …する間に、…する一方
4. …だけれども
5. …につれ、…なので、…するように

■EXERCISE 64の解答　P. 155
1. Though（ロイは運転免許を持っているが、運転はめったにしない）
　❗（　）の後ろに節が2つ来ているので副詞のEvenは不可
2. but（アリスはたくさん稼いでいたが、ほとんど貯金しなかった）
　❗（　）の直後に過去形の動詞savedがあるので、主語だけの省略があり得る等位接続詞が適切。
3. Because（テストは難しかったので、合格した者はほとんどいなかった）
　❗（　）の後には節が来ているので前置詞Despiteは不可

8. 関係代名詞

❶ whoとwhich

■EXERCISE 65の解答　P. 164
1. who（1人で住んでいる人々）
2. who（私を助けた医師）
3. which（よく売れている本）

■EXERCISE 66の解答　P. 166
1. We thanked the customers who liked our products.（わが社の製品を気に入ってくれた顧客に感謝した）
2. The items whose packages are broken should be replaced.（梱包が壊れている商品は取り替えられるべきだ）
3. We stayed at the hotel (which) you mentioned before.
（あなたが以前話していたホテルに泊まった）

■EXERCISE 67の解答　P. 168
1. which（200室を有するホテルを予約するつもりだ）
　❗ 先行詞はhotel。物なのでwhich
2. whose（制服があまりに古くなった従業員は私たちに連絡してください）
　❗ workers'またはtheirの代わりに、uniformsの前に来るのは所有格の関係代名詞
3. the one（答えは下に示されているものだ）
　❗ （　）の後ろはshownという過去分詞で、動詞ではないので、節を導く関係代名詞ではなく、普通の代名詞が後ろから修飾されていると考える

❷ thatとwhat

■EXERCISE 68の解答　P. 170
1. This is not what we ordered.
2. Consumers want to buy vegetables that are grown here.
3. What made Vicki angry was the mistake in the bill.

■EXERCISE 69の解答　P. 172
1. × → what
（私たちは客を喜ばすものを模索中だ）
　❗ 前置詞の後にはthatは不可
2. × → that / which もしくは省略
（あなたがなくした時計が見つかった）
3. ○（あなたの好きなものを選べる）
4. × → which（ダリはDVDを借りたが、それは以前、すでに見たものだった）
　❗ 関係代名詞の前にカンマを打つと、名詞の説明が補足的になるが、thatにはこの用法がない
5. × → that（われわれは、高価格が必ずしも高品質を意味しないことを知っている）
　❗ high prices以下は、主語や目的語などの欠落がない完全な節なのでwhatは不可。ちなみにこのthatは、関係代名詞ではなく「…ということ」という接続詞

小石 裕子（こいし ゆうこ）

英語講師。商社勤務を経て、英語学校、大学、企業などでTOEIC、TOEFL、英検などをはじめとする英語学習の指導に当たる。英検1級、TOEIC990点（満点）取得。著書に『TOEIC®L&Rテスト 英文法出るとこだけ!』をはじめとする「TOEIC出るとこだけ!」シリーズ、『新装版TOEIC®テスト スーパー英単語』、『はじめて受けるTOEIC® L&Rテスト 全パート完全攻略』（いずれもアルク刊）など多数。

TOEIC®テスト
中学英文法で600点！

本書の内容は『新 TOEIC® テスト 中学英文法で600点!』（2008年初版発行）を改訂したものです。

発行日　2016年 5月17日（初刷）
　　　　2022年12月 8日（第11刷）

著者　　小石裕子
編集　　株式会社アルク 出版編集部
執筆協力　Timothy Ducey

デザイン　園辺智代
英文校正　Peter Branscombe／Margaret Stalker
校正　　挙市玲子
イラスト　SMO
録音・編集　ログスタジオ株式会社

DTP　　朝日メディアインターナショナル株式会社
印刷・製本　大日本印刷株式会社

発行者　天野智之
発行所　株式会社アルク
　　　　〒102-0073 東京都千代田区九段北4-2-6 市ヶ谷ビル
Website：https://www.alc.co.jp/

・落丁本、乱丁本は弊社にてお取り替えいたしております。
　Webお問い合わせフォームにてご連絡ください。
　https://www.alc.co.jp/inquiry/

本書の全部または一部の無断転載を禁じます。著作権法上で認められた場合を除いて、本書からのコピーを禁じます。定価はカバーに表示してあります。
製品サポート：https://www.alc.co.jp/usersupport/
©2016 Yuko Koishi / ALC PRESS INC.　Printed in Japan.
PC: 7016041　ISBN: 978-4-7574-2809-6

地球人ネットワークを創る

アルクのシンボル
「地球人マーク」です。